Historia de Inglaterra

Un fascinante resumen de la historia de Inglaterra

© Copyright 2025

Todos los derechos reservados. Ninguna parte de este libro puede ser reproducida de ninguna forma sin el permiso escrito del autor. Los revisores pueden citar breves pasajes en las reseñas.

Descargo de responsabilidad: Ninguna parte de esta publicación puede ser reproducida o transmitida de ninguna forma o por ningún medio, mecánico o electrónico, incluyendo fotocopias o grabaciones, o por ningún sistema de almacenamiento y recuperación de información, o transmitida por correo electrónico sin permiso escrito del editor.

Si bien se ha hecho todo lo posible por verificar la información proporcionada en esta publicación, ni el autor ni el editor asumen responsabilidad alguna por los errores, omisiones o interpretaciones contrarias al tema aquí tratado.

Este libro es solo para fines de entretenimiento. Las opiniones expresadas son únicamente las del autor y no deben tomarse como instrucciones u órdenes de expertos. El lector es responsable de sus propias acciones.

La adhesión a todas las leyes y regulaciones aplicables, incluyendo las leyes internacionales, federales, estatales y locales que rigen la concesión de licencias profesionales, las prácticas comerciales, la publicidad y todos los demás aspectos de la realización de negocios en los EE. UU., Canadá, Reino Unido o cualquier otra jurisdicción es responsabilidad exclusiva del comprador o del lector.

Ni el autor ni el editor asumen responsabilidad alguna en nombre del comprador o lector de estos materiales. Cualquier desaire percibido de cualquier individuo u organización es puramente involuntario.

Índice

CAPÍTULO 1: PREHISTORIA Y EDAD DEL BRONCE 2
CAPÍTULO 2: LOS CELTAS 10
CAPÍTULO 3: BRITANIA ROMANA 19
CAPÍTULO 4: LOS ANGLOSAJONES...................................... 29
CAPÍTULO 5: LAS INCURSIONES VIKINGAS Y LA FORMACIÓN DE INGLATERRA... 37
CAPÍTULO 6: LA CONQUISTA NORMANDA 47
CAPÍTULO 7: LOS PLANTAGENETS 54
CAPÍTULO 8: LA GUERRA DE LOS CIEN AÑOS Y LA PESTE NEGRA 64
CAPÍTULO 9: LAS GUERRAS DE LAS DOS ROSAS 72
CAPÍTULO 10: LOS TUDOR Y LA REFORMA INGLESA 80
CAPÍTULO 11: ISABEL I 88
CAPÍTULO 12: LOS ESTUARDO 96
CAPÍTULO 13: LAS GUERRAS CIVILES Y EL PROTECTORADO 104
CAPÍTULO 14: LA RESTAURACIÓN Y LA UNIÓN CON ESCOCIA............ 111
CAPÍTULO 15: GRAN BRETAÑA DEL SIGLO XVIII - EXPANSIÓN, GUERRAS Y REVOLUCIONES................................. 120
CAPÍTULO 16: LA UNIÓN CON IRLANDA 128
CAPÍTULO 17: LA ERA VICTORIANA 137
CAPÍTULO 18: PRIMERA Y SEGUNDA GUERRA MUNDIAL........................ 144
CONCLUSIÓN 152
VEA MÁS LIBROS ESCRITOS POR ENTHRALLING HISTORY 154
BIBLIOGRAFÍA... 155
FUENTES DE IMÁGENES 160

Introducción

La historia de Inglaterra es un tema enorme sin principio ni final fijos. Desde sus orígenes como nación hasta la actualidad, ha sucedido lo suficiente en la historia de Inglaterra como para llenar innumerables volúmenes.

Discutir todos esos eventos no es posible, ni es el objetivo de este libro. El proceso de escribir cualquier historia, y muy especialmente la historia de todo un país, inevitablemente requiere que algunas cosas se queden afuera. Por lo tanto, este libro busca dar una imagen general de los principales eventos que dieron forma a Inglaterra como nación, su crecimiento y desarrollo. En estas páginas, aprenderá cosas como quién vivía en Inglaterra antes de los ingleses, cómo se formó Inglaterra, cómo se desarrolló su gobierno, cómo se formó el Imperio británico y más.

No encontrará extensas biografías de cada monarca ni una explicación detallada de cada batalla importante. Si bien habrá muchos hechos interesantes y detalles fascinantes en todo momento, este libro no pretende ni consigue abarcar todo. Es una guía fácil de entender sobre un tema largo y complejo. Cuando termine, tendrá un conocimiento práctico de toda la historia de Inglaterra.

Ya sea que esté interesado en el Imperio romano, los vikingos, la guerra, la política, los reyes y reinas, la exploración o algo completamente diferente, hay algo en la historia de Inglaterra que le será de su agrado. Profundicemos entonces en la historia de una nación que comenzó en una pequeña isla y luego impactó profundamente en todo el mundo.

Capítulo 1: Prehistoria y Edad del Bronce

¿Dónde empieza la historia? Si vamos a hacer un recorrido por la historia de Inglaterra, ¿por dónde deberíamos empezar? La pregunta puede sonar filosófica, pero suele ser respondida de manera práctica. Podemos creer que la historia de Inglaterra comenzó con el principio de los tiempos, pero nos encontraremos extremadamente limitados en nuestra capacidad para discutir esto debido a la falta de información. Para el historiador, entonces, la historia comienza con información, pero ¿qué información, exactamente? La información viene en muchas formas diferentes, pero el tipo de información que usamos específicamente para definir la historia es el registro escrito. Cuando comienzan los registros escritos, también comienza la historia.

Por supuesto, este enfoque trae algunos problemas. Por un lado, los registros surgieron en momentos muy diferentes en varias partes del mundo. Esto significa que la historia comienza en diferentes momentos dependiendo de dónde se encuentre. Hay un problema mayor. La civilización no comienza necesariamente con la escritura. Muchos grupos desarrollaron culturas sofisticadas basadas en tradiciones orales.

Si comenzamos la historia con el registro escrito, ¿qué hacemos con todas las personas y cosas que sucedieron antes de que aparecieran los registros escritos en un área en particular? La respuesta es simple. Simplemente no lo llamamos "historia". La prehistoria es el estudio del pasado antes de los registros escritos. No significa que las personas que vivían en este tiempo fueran primitivas o que no pasaran cosas en ese período. Significa que no sabemos tanto sobre este momento y, a menudo, nos vemos obligados a especular sobre lo que sabemos.

A los historiadores les gustan los registros escritos porque son claros. Incluso cuando son sesgados y engañosos, los registros escritos ofrecen claridad que ayuda a reconstruir la historia del pasado de manera plausible. Al mirar la prehistoria, nos vemos obligados a confiar en fuentes muy diferentes. Los arqueólogos son los expertos de la prehistoria. Los sitios de entierro, los monumentos y las reliquias del pasado son todo lo que tenemos para descifrar lo que estaba sucedía antes de que alguien comenzara a producir registros escritos.

Como mencionamos anteriormente, varias culturas comenzaron a usar la escritura en diferentes momentos. Entonces, mirando específicamente la historia de Inglaterra, ¿cuándo fue eso? Para Inglaterra, la historia comienza en el año 43 d. C. con la conquista romana, que trajo la lengua y la escritura latinas. Técnicamente, podría retrasar esta fecha alrededor de un siglo al 55 a. C. con los *Comentarios de Julio César sobre las guerras gálicas.* Esta es la primera descripción escrita que tenemos de Gran Bretaña.

Incluso si comenzamos con el 55 a. C., todavía deja mucha prehistoria inglesa por cubrir. ¿A quién conquistaron los romanos? ¿Quién vivía en Inglaterra (también conocida como Gran Bretaña) antes del 43 d. C. y cómo eran? En los dos primeros capítulos de este libro, cubriremos el enorme lapso de tiempo que constituye la prehistoria de Gran Bretaña antes de la invasión romana.

La prehistoria se divide típicamente en tres épocas principales: la Edad de Piedra, la Edad de Bronce y la Edad de Hierro, llamadas así por los materiales que los humanos en ese momento usaban para fabricar herramientas, armas y otros objetos. En este capítulo, realizaremos un recorrido por las Edades de Piedra y Bronce.

Edad de Piedra

La historia comienza con la información, y la prehistoria funciona igual. Entonces, ¿qué información tenemos sobre los comienzos de Gran Bretaña? Como se sospecha, la respuesta no es mucha ni clara. Sabemos muy poco sobre el período conocido como la Edad de Piedra, que abarca aproximadamente 800.000 a. C. a 2000 a. C. Dado que cubre una cantidad tan grande de tiempo, la Edad de Piedra se subdivide en las épocas paleolítica, mesolítica y neolítica, que significan la Edad de Piedra Antigua, Media y Nueva, respectivamente.

La era paleolítica no era una época solo en Gran Bretaña. Duró desde alrededor de 800.000 a. C. hasta 10.000 a. C. Esta era la época de la Edad de Hielo, y por su ubicación en el norte, Gran Bretaña tuvo grandes períodos de tiempo donde la isla fue inhabitable para los humanos. Sin embargo, "isla" no es la palabra correcta, ya que se cree que Gran Bretaña era una península conectada a Europa continental. La conexión de Gran Bretaña con Europa es lo que permitió a los humanos viajar allí en primer lugar, pero el frío extremo de la Edad de Hielo impidió que Gran Bretaña se convirtiera en un importante centro de actividad humana durante este período.

En la era mesolítica, que duró desde alrededor de 10.000 a. C. hasta 4.000 a. C., el ambiente había comenzado a calentarse, al punto de que el nivel del mar aumentó y Gran Bretaña comenzó a ser una isla. Con temperaturas más cálidas, la isla podría soportar mucha más vida. Los humanos que vivían en Gran Bretaña en la era mesolítica eran cazadores-recolectores. Se movían de acuerdo a las estaciones, siguiendo sus fuentes de alimentos, pero también hay evidencia de pequeños asentamientos.

Alrededor del 4000 a. C., la agricultura llegó a las costas de Inglaterra y comenzó la era neolítica. La era neolítica duró desde aproximadamente el 4000 a. C. hasta el 2000 a. C. Se cree que la agricultura llegó a Gran Bretaña a través de personas que emigraron del continente.

La agricultura tuvo un profundo impacto en Gran Bretaña y su gente porque permitió un estilo de vida establecido que era imposible cuando las personas tenían que moverse para conseguir sus fuentes de alimentos. En la era neolítica, vemos así un aumento en el número de asentamientos.

La agricultura también hace que los humanos interactúen de manera diferente con su entorno. Los bosques fueron talados para dar lugar a campos y pastos. La naturaleza más permanente de las comunidades agrícolas también condujo a la construcción de túmulos y otros monumentos. Con la agricultura, los humanos estaban, por primera vez, sometiendo su entorno a su voluntad. Todavía estaban a merced de la Madre Naturaleza, pero ahora que se estaban estableciendo en un solo lugar, tenían tiempo para construir. La era neolítica fue testigo de la construcción de círculos de piedra, henges, montículos y más. El Stonehenge fue construido hacia el final de la era neolítica. Discutiremos estos misteriosos monumentos con más detalle más adelante en este capítulo.

Esa es la esencia de la Edad de Piedra. Inglaterra pasó de ser un pedazo de territorio congelado conectado a Europa continental a ser una isla con cazadores-recolectores y luego agricultores.

La Edad de Bronce

Aproximadamente en el año 2000 a. C., la metalurgia llegó a Gran Bretaña y comenzó el período conocido como la Edad del Bronce. La metalurgia comenzó con el cobre y el oro, pero el bronce (una aleación de cobre y estaño) era más duro. En el 2200 a. C., fue el metal elegido para fabricar herramientas y armas.

Lo que sabemos sobre la Edad del Bronce se basa en aquello que logró sobrevivir y que encontramos. Esto significa que sabemos mucho sobre las prácticas funerarias porque muchas tumbas de esta época permanecieron intactas. A principios de la Edad de Bronce, la gente en Gran Bretaña enterraba a sus muertos bajo túmulos (montículos de tierra con forma). Estos túmulos y las tumbas encima se colocaban cerca de otras construcciones como el Stonehenge, creando grandes áreas que parecen haber sido solo para fines ceremoniales.

Una fotografía de Stonehenge, Wiltshire, Inglaterra, en 2011[1]

Otra cosa interesante a tener en cuenta sobre los túmulos es que esta es la primera vez que vemos grandes tumbas individuales en Gran Bretaña. Los muertos en estos túmulos a menudo también eran enterrados con ajuares funerarios. El hecho de que la gente de la Edad de Bronce se tomara el tiempo para levantar construcciones elaboradas para ciertas tumbas muestra que algunas personas eran vistas como más importantes que otras, e indica el establecimiento de una jerarquía social. Más tarde en este período, la cremación se volvió más común, y nuestro conocimiento de las prácticas funerarias disminuye.

Otra información que hemos obtenido sobre la Edad del Bronce a través de hallazgos arqueológicos se relaciona con los vivos y no con los muertos. Sabemos que las casas redondas, que eran viviendas redondas de una sola habitación con techo de paja, aparecieron en esta época. También vemos pequeñas agrupaciones de casas, lo que indica el establecimiento de comunidades y la construcción más temprana de fortalezas en las colinas, lo que sugiere que la guerra entre comunidades rivales también había comenzado. Durante este período, incluso hubo comercio con el continente, especialmente de metal.

Con las comunidades vinieron otros aspectos de la sociedad humana, como las jerarquías, la guerra y el comercio. Una vez que los humanos en Gran Bretaña comenzaron a establecerse, rápidamente comenzaron a adquirir tierras y bienes, y con esto vino el problema básico de la economía: la escasez. No hay recursos infinitos, por lo que inevitablemente algunas personas tienen más que otras. Esto da como resultado élites sociales, aquellas que tienen más, y guerras, ya que los grupos recurren a tomar lo que no tienen. El comercio también surge como una forma de obtener recursos que no son fácilmente accesibles.

El comercio, la jerarquía y la guerra existían en la Edad de Piedra, pero comenzaron a aumentar en la Edad del Bronce a medida que la agricultura aumentaba las poblaciones y creaba un excedente de tiempo y recursos. Cuando terminó la Edad del Bronce y comenzó la Edad del Hierro alrededor del año 800 a. C., la importancia de estos aspectos de la sociedad humana en Gran Bretaña solo aumentó.

El Stonehenge y otras construcciones

Uno de los aspectos más fascinantes de la prehistoria de Gran Bretaña es, sin duda, los misteriosos círculos de piedra construidos durante este período, muchos de los cuales permanecen en pie hasta nuestros días. ¿Cómo y por qué los pueblos prehistóricos construyeron estos monumentos masivos?

El Stonehenge, ubicado en el suroeste de Inglaterra, es el más famoso de los círculos de piedra que quedan en Gran Bretaña. Antes de continuar, admitamos que no sabemos por qué se construyó Stonehenge.

Hay miles de teorías. Algunos dicen que era parte de los rituales druidas (aunque esto es muy poco probable porque el Stonehenge es anterior a los druidas). Otros creen que es un calendario antiguo, ya que está perfectamente alineado con el movimiento del sol. También podría ser un monumento a los muertos, un lugar de reunión o un lugar de curación. En resumen, no lo sabemos.

Sin embargo, el misterio del Stonehenge va más allá. Otra cuestión apremiante es cómo los pueblos prehistóricos lograron construirlo. El Stonehenge se construyó a lo largo de cientos de años, comenzando en la era neolítica alrededor del 3000 a. C. y terminando en la Edad del Bronce alrededor del 1500 a. C. El monumento incluye mucho más que el círculo central de piedra. Está rodeado por un henge circular de terraplén, que incluye dos túmulos redondos al norte y al sur y muchos otros en los alrededores. Hay una serie de agujeros que rodean el monumento, y algunas piedras solitarias colocadas cuidadosamente en relación con el movimiento del sol. Por lo tanto, el área del Stonehenge parece ser un sitio sagrado y no solo un monumento.

La idea de que hay algo especial en la ubicación del Stonehenge se ve favorecida por el esfuerzo que indudablemente se necesitó para llevar las piedras a ese lugar. El Stonehenge consta de dos tipos de piedras: piedras sarsen y bluestones. Las piedras sarsen son las piedras grandes que forman las partes de poste y dintel (dos piedras que forman pilares con una piedra en la parte superior) del monumento, y las bluestone son las piedras más pequeñas. Las bluestones solo se encuentran en el sur de Gales, que está a más de cien millas del Stonehenge. Algo era lo suficientemente especial en ese lugar como para hacer que las personas prehistóricas hicieran el esfuerzo de cargar con esas enormes piedras por cientos de millas.

Hay mucho que no sabemos sobre el Stonehenge, y el misterio es parte de la diversión. Sin embargo, el monumento también es importante por lo que nos dice sobre la gente de la Gran Bretaña prehistórica. Sabemos que fueron capaces de planificar y ejecutar proyectos que tomaron muchas generaciones y mucha mano de obra. Sabemos que deben haber tenido algún conocimiento de ingeniería porque podían levantar y colocar las piedras. Sabemos que tenían conocimientos astronómicos avanzados porque está alineado con el movimiento del sol. Lo que el Stonehenge nos dice es que los pueblos prehistóricos de Gran Bretaña eran mucho más avanzados que los estereotipados hombres de las cavernas que solemos imaginar.

Por supuesto, aunque es el más famoso, el Stonehenge no es el único círculo de piedra o monumento que data de la era prehistórica de Gran Bretaña. Hay muchos círculos de piedra dispersos por Gran Bretaña. Esto parece indicar un gran grado de cultura compartida en toda la isla. Pero, como no sabemos para qué se usaban los círculos de piedra, es difícil sacar conclusiones sobre esa cultura.

Los círculos de piedra no son los únicos proyectos de construcción de esta época. Las grandes tumbas, las fortalezas de las colinas y los henges y túmulos de tierra son evidencia de las capacidades de construcción de esta sociedad. Estos extensos proyectos de construcción nos muestran que en el 3000 a. C. e incluso antes, los humanos en Gran Bretaña habían descubierto un buen estilo y nivel de vida como para tener tiempo de construir cosas de índole ceremonial y sagrada. Incluso desde épocas tempranas, los humanos hemos sentido el impulso de ir más allá de la simple supervivencia.

Uniendo las piezas de la prehistoria

Como se mencionó y observó, lo que sabemos sobre la prehistoria proviene de lo que la gente dejó en el territorio. Esto significa que, si bien sabemos mucho sobre lo que tenían las personas prehistóricas, tratar de averiguar por qué lo tenían y cómo lo usaban es una tarea más complicada. ¿Cómo reconstruimos el rompecabezas de la prehistoria a partir de los restos que encontramos hoy?

Butser Ancient Farm es un lugar en la Inglaterra actual que está probando nuevas formas de responder a esta pregunta. La granja es un sitio arqueológico experimental y un museo al aire libre donde se crean reconstrucciones de casas y granjas de estilo antiguo. Los investigadores de Butser Ancient Farm recrearon estos edificios utilizando las mismas herramientas a las que tenían acceso los pueblos prehistóricos. También fabrican armas, siembran cultivos, cuidan animales y más, todo esto utilizando solo las herramientas que tenían los pueblos antiguos en su momento.

Además de dar a los visitantes la oportunidad de ver cómo podría haber sido la vida prehistórica, la investigación en Butser Ancient Farm es crucial para examinar los estilos de vida de los pueblos prehistóricos. Al hacer las mismas tareas con las mismas herramientas, los investigadores pueden al menos comenzar a responder la pregunta de cómo vivían esas personas. Por ejemplo, los investigadores han establecido que era posible tirar de los arados de la época utilizando vacas y producir suficiente grano para tener un excedente para la exportación utilizando las técnicas agrícolas de la época. Por supuesto, todas estas informaciones son plausibles, pero la plausibilidad nos da una imagen mucho más clara de la vida prehistórica de lo que teníamos anteriormente.

Lo que sigue siendo difícil de rastrear en la era prehistórica es la religión y la cultura. Este fue un período de tradiciones orales, lo que desafortunadamente significa que prácticamente no sabemos nada sobre la creencia de estas personas. No sabemos por qué construyeron el Stonehenge y otros círculos de piedra, qué historias se contaban entre sí, en qué dioses creían o cómo los adoraban. Técnicamente, ni siquiera sabemos si tenían dioses o una forma de adoración.

Sin embargo, no saber las cosas con certeza no significa que no podamos especular sobre la base de los hallazgos arqueológicos. El descubrimiento de un cuerpo momificado en los pantanos del noroeste de Inglaterra llevó a tal especulación. El Hombre de Lindow, como se denominó al cuerpo, se encontró en 1984. El cuerpo era el de un joven y todo lo que quedaba era una cabeza, un torso y un pie. Murió en algún momento cerca del final de la Edad de Hierro.

El hallazgo del Hombre de Lindow es desconcertante debido a la violencia excesiva que aparentemente causó su muerte. Tenía un garrote alrededor de su cuello, había sufrido golpes en la cabeza y había sido apuñalado. Las múltiples posibilidades de muerte han llevado a muchos a especular que había algo ritualista en la muerte del Hombre de Lindow. Algunos creen que esto fue parte de una ejecución elaborada. Otros piensan que el Hombre de Lindow puede haber sido un sacrificio religioso, tal vez incluso uno voluntario, ya que sus restos no muestran signos de lucha.

El Lindow Man y la Butser Ancient Farm son ejemplos de cómo nuestro conocimiento de la prehistoria británica continúa creciendo. Todavía se están haciendo descubrimientos, y a medida que recopilamos nueva información, nos vemos obligados a reevaluar nuestros supuestos, lo que lleva a nuevas especulaciones y conclusiones sobre esta era. Los confines del pasado de Gran Bretaña siguen siendo misteriosos, pero la investigación continua nos ha permitido tener una idea general de los comienzos humanos de Gran Bretaña.

Capítulo 2: Los celtas

¿Quiénes fueron los primeros británicos? Hasta ahora, simplemente nos hemos referido a las personas que viven en la isla como las personas en Gran Bretaña, pero ¿quiénes eran? Los primeros británicos no tienen nombre. Sabemos que vinieron del continente, pero la parte del continente de la que vinieron y quiénes eran exactamente sigue siendo un misterio. En las Edades de Piedra y Bronce, aún no se habían formado grandes tribus. Las personas que emigraron del continente de Europa a las Islas Británicas eran un grupo dispar que no podemos agrupar en una sola identidad.

El primer grupo en establecerse en Gran Bretaña al que asignamos un nombre son los celtas. El pueblo celta y la cultura celta dominaron Gran Bretaña durante la Edad de Hierro y la llegada de los romanos, y su impacto en la región todavía se puede ver hoy en día, particularmente en Cornualles, Escocia y Gales, donde todavía se hablan lenguas celtas. Pero ¿quiénes eran exactamente los celtas? ¿De dónde vinieron y cómo eran?

¿Quiénes eran los celtas?

Mapa de Gran Bretaña durante la Edad del Hierro[2]

Los celtas son un grupo difícil de definir, en gran parte porque no son un solo grupo. La primera evidencia arqueológica de la existencia de los celtas aparece en Europa central, donde comerciaban con los griegos. De hecho, la palabra "celta" proviene de la palabra griega *Keltoi*, que significa "bárbaro".

Los griegos creían que eran la única cultura civilizada. Dado que tendían a ver a todos los extranjeros como bárbaros, la palabra "celta" es un término bastante amplio que se refiere a todo el grupo de diferentes tribus y clanes de Europa central. Los celtas probablemente se veían a sí mismos como grupos dispares, pero a los ojos de los forasteros (como los griegos) la cultura y la apariencia de las tribus eran lo suficientemente cercanas como para agruparlos a todos en un mismo grupo.

Desde Europa central, los celtas se extendieron hacia el oeste y hacia el este, llegando finalmente al oeste hasta España y las Islas Británicas. A medida que los celtas se extendieron a diferentes áreas y se componían de diferentes tribus, adquirieron diferentes nombres. Los celtas que se establecieron en el área que se convirtió en la Francia moderna eran conocidos como los galos. Los que se establecieron en Irlanda y Escocia fueron los gaélicos (de los que se derivan las lenguas gaélicas), y los celtas que se establecieron en lo que se convertiría en la actual Inglaterra y Gales fueron los britanos.

Al igual que el nombre "celta", las subdivisiones "galos", "gaélicos" y "britanos" eran asignadas a las tribus celtas por personas de afuera. Los britanos, por ejemplo, consistían en varias tribus celtas diferentes, como los icenos y los belgas. El nombre "Briton" se deriva del nombre que el explorador griego Pytheas le había dado a las islas. Piteas llamó a las islas "Pretannike", de la palabra celta *Pretani*, que significa "gente pintada". No está claro si los celtas se percibían de la misma manera o era un nombre para un grupo en particular. La *p* finalmente cambió a *b*, y en el momento de las conquistas romanas, los romanos llamaban a la isla "Britannia". Las tribus que vivían allí eran apodadas "británicos".

Sin embargo, ¿qué tienen que ver los nombres con la identidad de los celtas? Por un lado, es útil aclarar que el término "celta" se refiere a muchos grupos diferentes (británicos, galos, gaélicos y más). En segundo lugar, estos grupos fueron nombrados por personas externas y no se veían a sí mismos como un solo grupo. Las diversas tribus luchaban entre sí. Los celtas se extendieron y dominaron Europa en la Edad de Hierro, pero no con la magnitud del Imperio romano. Finalmente, conocer el origen de algunos de estos nombres nos enseña el hecho sorprendente de que los británicos no eran los habitantes originales de Gran Bretaña. Eran las tribus celtas que emigraron a la isla de Gran Bretaña en la Edad de Hierro. Técnicamente eran invasores al igual que los romanos, anglosajones, vikingos y normandos que vendrían después de ellos. Inglaterra es, si nada más, una tierra colonizada por forasteros.

Puede que se pregunte, entonces, si los celtas se componían de diferentes tribus, por qué nos molestamos en hablar de ellos como grupo. Los celtas compartían varios puntos en común en su cultura que hacen que valga la pena discutirlos colectivamente.

Cultura celta

A pesar de estar formados por muchas tribus en guerra, los celtas compartían un idioma, prácticas religiosas, estilo de arte y otras cosas que hacen posible agruparlos dentro de una cultura celta.

Tal vez el factor más importante que unía a las diversas tribus era el idioma. Esto no significa que todas las tribus celtas de toda Europa en la Edad de Hierro hablaran el mismo idioma. Más bien, todos sus idiomas se derivan de una fuente común (celta). Es probable que todos los grupos comenzaran a hablar una versión común del celta, pero a medida que migraron y se extendieron, el idioma evolucionó a diferentes idiomas con una raíz compartida.

Las lenguas celtas se pueden dividir en dos grupos principales: las que se hablan en el continente y las que se hablan en las islas británicas. Desafortunadamente, sabemos poco sobre las lenguas celtas continentales, ya que estas lenguas se extinguieron y no tenemos (si es que existe) ejemplos sobrevivientes de ellas. Tal vez debido a su aislamiento, las lenguas celtas de las islas británicas sobrevivieron mucho mejor. Estas lenguas incluyen las lenguas celtas británicas (derivadas de la lengua británica utilizada en la Edad de Hierro y el período romano) del galés, el córnico y el bretón, y las lenguas goidélicas del irlandés, el gaélico escocés y el manés. En la existencia continua de estas lenguas celtas, podemos ver la perseverancia de la cultura celta. Este fue el primer grupo en habitar Gran Bretaña que se convertiría en una parte esencial del patrimonio cultural de Inglaterra.

Otro aspecto compartido de la cultura celta eran las creencias religiosas. Los celtas no construían regularmente templos o estatuas de sus dioses, pero mostraban una creencia en lo sagrado y en la vida después de la muerte. Los celtas daban ofrendas y sacrificios a los dioses y creían que ciertos espacios, como arboledas y manantiales particulares, eran sagrados. También enterraban a sus muertos con objetos, lo cual es típico de las culturas que creen en algún tipo de vida después de la muerte.

Además de estas características generales, no sabemos mucho sobre las prácticas y creencias religiosas celtas porque este aspecto de la vida celta era supervisado por los druidas. Los druidas eran la clase de sacerdotes de la sociedad celta que tenían un papel importante en la vida más allá de la religión. Eran los historiadores de la tribu que actuaban como embajadores, jueces y más. Sin embargo, desafortunadamente para los historiadores modernos, los druidas guardaban sus conocimientos y secretos cuidadosamente. Lo que transmitían se hacía a través de la tradición oral. Esto significa que ahora esencialmente no nos queda nada que nos aporte información sobre los druidas y las prácticas religiosas celtas. Sabemos que los druidas fueron un gran dolor de cabeza para los romanos más adelante, y se presume que como líderes de su pueblo, los druidas solían estar detrás de los levantamientos contra el dominio romano.

¿Qué más sabemos sobre la cultura celta? Aunque los romanos y los griegos los veían como bárbaros, los celtas tenían una cultura sofisticada. Mientras que las obras de arte grecorromanas de la época se centraban en líneas limpias y realismo, el arte celta era más abstracto y fluido. Los celtas se centraban en gran medida en las figuras de animales, y gran parte de su arte se centraba en decorar objetos prácticos como escudos, cerámica y broches.

Un objeto peculiar de este período que los celtas a menudo usaban y decoraban bastante era el torque. Los torques eran collares rígidos de metal que generalmente se abrían en la parte delantera. Los torques no eran exclusivos de los celtas. Eran usados por otros grupos de esta época, pero parecen haber sido particularmente importantes para los celtas. Los torques celtas a menudo estaban hechos de oro y parecen haber sido un signo de riqueza y estatus. También pueden haber estado conectados con el reino espiritual, ya que los dioses celtas a menudo se representaban usando torques. Los torques se asocian casi automáticamente con los celtas.

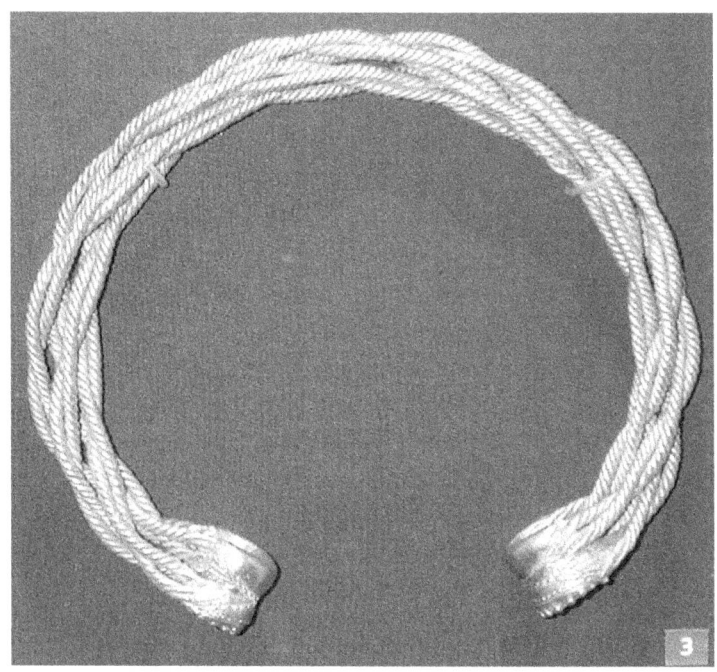

Torque de la Edad del Hierro del Museo Británico⁸

A pesar de que los celtas no eran una nación unificada, tenían muchas similitudes que nos permiten discutir su cultura como una cultura celta. Aunque no tenían una tradición escrita, los celtas tenían una cultura sofisticada con su propio estilo de arte, religión e idioma. Desafortunadamente, debido a la falta de registros escritos, no sabemos tanto como nos gustaría sobre la cultura celta, particularmente los druidas.

Sociedad celta

La cultura no es lo único que hace únicos a los celtas. Hay otros aspectos de la sociedad celta a considerar, como la estructura y la economía. Su sociedad, como la mayoría de las sociedades, era jerárquica. En la cima de la jerarquía estaban los guerreros. Si pudiera proteger a su gente y tomar con éxito las cosas de su vecino, tiene que poder estar a cargo. Los líderes religiosos, los druidas, también estaban en el nivel más alto de la sociedad. Bajo la aristocracia guerrera y los druidas estaban aquellos con habilidades y trabajos especializados, como poetas, artesanos y comerciantes. Debajo de este grupo estaban los granjeros y los esclavos. La mayoría de la población solía estar en la parte inferior de la jerarquía. Sin embargo, parece que el movimiento entre las clases sociales (a excepción de los esclavizados) era posible si uno adquiría suficiente riqueza.

Sorprendentemente, el género no parece haber sido un factor importante en la jerarquía de la sociedad celta. Las mujeres podían poseer propiedades y elegir a sus maridos, e incluso podían gobernar, como lo demuestra la famosa reina de los icenos, Boudicca. También hay evidencia de que las mujeres celtas luchaban junto a los hombres.

Esta sociedad jerárquica se dividía en tribus, que podrían haber sido dirigidas por un monarca o un jefe electo. El parentesco era importante para la élite gobernante de la sociedad celta. Era crucial para mantener el control porque los celtas carecían de escritura en la Edad de Hierro. Un solo rey no podía gobernar efectivamente un área grande porque no había forma de emitir leyes, hacer decretos y garantizar la uniformidad en todo su reino. Sin embargo, un rey podía dar el control de la tierra a su hermano o primo. Una forma en que se formaban estas alianzas era mediante la crianza de niños con otras familias. El resultado de todo esto fue que las élites de la sociedad celta eran una red de familias extendidas que usaban el parentesco para consolidar el control.

Entonces, así es como se organizaba la sociedad celta, pero ¿qué hacían los celtas en su sociedad? Los forasteros veían a los celtas como guerreros feroces. Eran conocidos por ir a la batalla desnudos y cubiertos de pintura, lo que resultaba aterrador para sus enemigos. También solían usar cascos que parecían animales. Para aumentar el terror, también usaban las cabezas de los enemigos que habían matado en batalla. Además de ser sumamente aterradores, los celtas llevaban la cabeza de sus enemigos porque creían que el alma estaba en la cabeza. Robar la cabeza del enemigo era robar su esencia y su poder.

Los celtas también favorecían el uso de carruajes en la batalla. Cabalgaban en carros ligeros que les permitían atacar a sus enemigos de manera rápida y con fuerza. Imagínese a los guerreros gritando, desnudos y cubiertos de pintura lanzándose en carros, y comenzará a ver por qué los guerreros celtas eran tan temidos en el mundo antiguo. No es de extrañar que los romanos tuvieran tantos problemas para someter a las tribus celtas en su búsqueda por conquistar Europa. Eventualmente, una organización y recursos superiores permitirían que los romanos triunfaran, pero los celtas fueron una molestia para el imperio durante bastante tiempo.

Aunque eran conocidos por su habilidad en la guerra, los celtas eran en última instancia agricultores, no mercenarios. La agricultura era la forma en que se ganaban la vida, y el celta medio pasaba mucho más tiempo arando que luchando. Fueron los celtas los que trajeron el arado de hierro a Gran Bretaña, lo que ayudó a aumentar la productividad agrícola y cultivar mayor parte de la isla.

Si bien la agricultura era su principal ocupación, los celtas no eran agricultores puramente de subsistencia. Su economía prosperó lo suficiente como para poder participar en el comercio con otras culturas. Los celtas intercambiaban cosas como personas esclavizadas, pieles y hierro por cosas que no podían producir ellos mismos, como vino, plata y artículos de lujo como cerámica fina.

Por lo tanto, los celtas eran agricultores que luchaban desnudos, pero también se relacionaban pacíficamente con otras civilizaciones del mundo antiguo a través del comercio. Pero ¿qué pasa con los celtas que vivían específicamente en Gran Bretaña?

Gran Bretaña en la Edad de Hierro

La Edad de Hierro duró desde aproximadamente el 800 a. C. hasta el final de la prehistoria británica, que terminó con la ocupación romana en 43 a. C. Esta última era de la prehistoria estuvo dominada por los celtas, que llegaron a Gran Bretaña alrededor del 750 a. C. al comienzo de la Edad de Hierro. Fueron los celtas los responsables de llevar la Edad de Hierro a Gran Bretaña.

La evidencia arqueológica muestra que los celtas tenían un conocimiento avanzado de la fabricación de hierro. Sus armas de hierro y arados les dieron una ventaja en la guerra y la agricultura. Aun así, aunque los celtas en Gran Bretaña pudieron haber vivido allí durante la Edad del Hierro, no trabajaron exclusivamente en el hierro. El hierro fue el metal elegido para herramientas y armas, pero los celtas todavía usaban bronce y oro para fabricar artículos más decorativos, como los torques.

Al igual que en otros lugares, la sociedad celta en Gran Bretaña estaba dividida en tribus, y esas tribus a menudo vivían en fortalezas en las colinas. Si bien las fortalezas de las colinas aparecieron por primera vez en la Edad del Bronce en Gran Bretaña, la llegada de los celtas y la Edad del Hierro aumentaron enormemente su importancia en la Gran Bretaña prehistórica. Los castros eran fuertes construidos en la cima de colinas. Eran fácilmente defendibles debido a su alta posición y medidas defensivas adicionales, como zanjas y muros. También tendían a estar ubicados cerca de elementos esenciales como el agua dulce y a tener áreas de almacenamiento dentro de sus paredes. Todo esto indica que estas construcciones se usaban como fuertes para la guerra en la sociedad celta.

Sin embargo, el uso de fortalezas en las colinas puede haberse extendido a otras épocas. Muchos castros contenían asentamientos organizados dentro de sus muros, y las fuentes de agua tendían a estar ubicadas en los alrededores. Esto sugiere que las fortalezas de las colinas pueden haber sido granjas defendibles en lugar de construcciones utilizadas únicamente para la guerra.

La gran cantidad de fortalezas en las colinas de Gran Bretaña durante la Edad del Hierro nos dice claramente que los celtas de Gran Bretaña no estaban unificados. Hoy en día, vemos la Gran Bretaña de la Edad de Hierro como una tierra celta, pero en ese momento, era el hogar de muchas tribus diferentes que no se consideraban celtas. Había múltiples tribus en guerra, como los icenos, los belga, los atrebates, los brigantes, los catuvellaunos, los parisios y muchos más. Si bien pueden haber sido guerreros feroces, las tribus celtas de Gran Bretaña finalmente debieron enfrentarse a una amenaza mayor: los romanos. Aunque los celtas lucharon contra este enemigo, nunca pudieron reunirse en un frente unificado para expulsar a los romanos. En el año 43 d. C., Gran Bretaña acabó siendo una provincia romana.

Capítulo 3: Britania romana

Para Gran Bretaña, la prehistoria termina con la llegada de los romanos. Esto no se debe a que los romanos fueran una civilización más avanzada que los celtas, sino simplemente porque los romanos tenían la escritura. El primer romano que escribió sobre Gran Bretaña fue una de las figuras más famosas de la historia, Julio César.

Llegada de los romanos y conquista

Julio César invadió Gran Bretaña dos veces en 55 y luego en 54 a. C. Escribió sobre la isla y sus invasiones en su libro, *The Gallic Wars*. Este es el primer registro escrito de Gran Bretaña que tenemos.

Entonces, ¿por qué Julio César decidió invadir Gran Bretaña? Para los romanos, Gran Bretaña era la isla en el borde del mundo, al menos el borde del mundo romano. Era un territorio remoto, y César decidió desembarcar allí con algunas legiones y causar problemas. Las motivaciones de César probablemente eran tres. Una era la curiosidad. Los romanos sabían poco sobre Gran Bretaña. Otra razón, relacionada también con la curiosidad, y era el prestigio. Debido a que los romanos sabían tan poco sobre Gran Bretaña, el hecho de que César fuera el primero en ir allí y recopilar información reforzaría su reputación. La razón final era más estratégica y es la razón real que César da en *The Gallic Wars*.

A partir del 58 a. C. aproximadamente, Julio César había estado involucrado en la guerra con los galos en el continente. César afirmaba que los britanos estaban enviando ayuda a los galos, por lo que era necesaria una invasión de la isla para aislar a sus enemigos de sus aliados. Su primera invasión en el 55 a. C. fue más una misión de reconocimiento, pero en la segunda invasión en el 54 a. C., las fuerzas de César se enfrentaron a los británicos, liderados por Casivelono.

Aunque las legiones de César finalmente derrotaron a las fuerzas de Casivelono, esto no era una conquista. César simplemente requirió que Casivelono dejara en paz al rey más proromano de los Trinovantes, Mandubracio. Entonces cogió a sus legiones y se marchó a casa. Esto demuestra que César no estaba interesado en conquistar realmente Gran Bretaña. Simplemente esperaba aumentar su reputación como comandante militar y establecer relaciones romanas con la isla. No fue hasta casi 100 años después que Roma realmente conquistaría Gran Bretaña.

La conquista de Gran Bretaña ocurrió durante el reinado del emperador Claudio. El mando de la invasión británica se le dio a Aulo Plaucio, a quien se le prometió la gobernación de la isla si podía conquistar con éxito Gran Bretaña.

La tradición dice que el ejército que Plaucio reunió para su invasión no estaba demasiado ansioso por zarpar hacia Gran Bretaña. La invasión se demoró durante meses en la costa normanda, y es fácil ver por qué estaban preocupados. Cruzar el Canal de la Mancha no fue fácil, y las legiones romanas no eran marineros experimentados. Gran Bretaña también era una tierra completamente desconocida. Nadie estaba emocionado en zarpar, intentar un pasaje difícil y aterrizar en una costa hostil.

Para poner en movimiento a sus legiones, el emperador Claudio envió a un antiguo esclavo llamado Narciso para que tomara el mando y representara al emperador. Las legiones estaban tan ofendidas y avergonzadas por ser abordadas por un liberto que sus temores fueron reemplazados por ira, y la invasión finalmente comenzó en 43 e. C.

Si bien la invasión no había tenido un comienzo prometedor, una vez que llegaron a Gran Bretaña, las fuerzas de Aulo Plaucio tuvieron bastante éxito. Las legiones romanas recorrieron el sureste de Gran Bretaña con relativa facilidad, anexando territorios y estableciendo reinos clientes en los que Roma controlaba los asuntos externos, pero permitía la autonomía interna.

Aun así, la conquista de Gran Bretaña no fue un proceso de la noche a la mañana para los romanos. Carataco, cacique de los catuvellaunos, lideró la resistencia a los romanos hasta su derrota en el año 51 d. C. El suroeste de Inglaterra, actual Gales, fue un centro de resistencia durante varias décadas después de la llegada de los romanos.

Para mantener el control sobre las regiones que conquistaron, los romanos establecieron pequeños fuertes en posiciones clave. Si bien esta estrategia les permitió mantener el control sobre un área más grande, dejó a las legiones romanas demasiado delgadas para erradicar por completo la resistencia británica. Los combates entre las tribus celtas de la isla y los romanos continuaron durante años después de la conquista inicial de Roma en 43 d. C. La rebelión más famosa de esta época fue liderada por la reina guerrera de los icenos, Boudicca.

La rebelión de Boudicca

Para el año 60 d. C., los romanos consideraban conquistadas las tierras bajas (sur) de Gran Bretaña. Se dirigían hacia el norte cuando la gente aparentemente sometida de las tierras bajas creó repentinamente una rebelión, liderada por Boudicca.

Boudicca era la esposa de Prasutago, rey de los icenos. Durante la vida de Prasutago, los icenos eran un reino cliente de Roma. Cuando Prasutago murió, no tenía un heredero varón, por lo que dejó su riqueza a sus dos hijas y al emperador Nerón con la esperanza de que esta muestra de favor hiciera que Roma tratara bien a su familia. Sus esperanzas fueron en vano. La tradición dice que los romanos no solo tomaron la tierra de Boudicca, sino que también violaron a sus hijas. Boudicca había tenido suficiente. Levantó un ejército rebelde que incluía no solo a los icenos, sino también a otras tribus del área que más tarde se convirtió en East Anglia (sureste de Gran Bretaña).

La rebelión de Boudicca fue al principio muy exitosa, en gran parte porque atacó en un momento en que el actual gobernador romano, Suetonio Paulino, se había ido. El ejército rebelde de Boudicca quemó tres ciudades, Londinium (Londres), Camulodunum (Colchester) y Verulamium (St. Albans), y destruyó la Novena Legión. Según los romanos, el ejército rebelde también masacró a miles de civiles, aunque no podemos estar seguros de los números porque las fuentes romanas están claramente sesgadas en esta situación.

Sin embargo, la rebelión no estaba destinada a durar. Suetonio Paulino y su ejército regresaron de sofocar los disturbios liderados por los druidas en Gales. Las fuerzas de Boudicca fueron aniquiladas, y Boudicca murió poco después. Muchos creen que se envenenó después de ver la destrucción de su ejército y la ruina de su rebelión.

Aunque la rebelión de Boudicca no tuvo éxito, demostró que había mucho malestar con el gobierno romano. El control romano todavía era tenue, pero con el tiempo su dominio se estableció mucho más firmemente. Una de las personas más responsables de eso fue el general Agrícola.

Agrícola y la expansión del control romano

Cneo Julio Agrícola es más famoso por su conquista de las tribus caledonias. Caledonia era un nombre utilizado por los romanos para describir el área al norte de su control, un territorio que corresponde aproximadamente a la actual Escocia.

A partir de finales de los años 70 d. C., Agrícola expandió el control romano hacia el oeste y el norte. Subyugó firmemente el área que se convertiría en la actual Gales y comenzó a moverse más al norte que cualquier general romano antes que él. Hizo construir fortalezas y caminos, proporcionando a los romanos una importante infraestructura para mantener el control del territorio que conquistaron.

Las tribus del norte no tomaron esta expansión romana sin problemas. Las tribus en el territorio de Caledonia se unieron bajo el liderazgo de Calgaco y se enfrentaron a las fuerzas de Agricola en la batalla de Mons Graupius en 83 d. C. No estamos del todo seguros de dónde tuvo lugar esta batalla, pero fue en algún lugar del noreste de Escocia y fue un éxito rotundo para las fuerzas de Agricola.

Agrícola no solo conquistó el norte, sino que también implementó políticas diseñadas para romanizar a los habitantes de Gran Bretaña. Estas políticas incluían la construcción de templos, edificios públicos romanos y casas de estilo romano. El objetivo era hacer que los británicos fueran culturalmente romanos, lo que los integraría de manera más efectiva en el imperio y disminuiría la resistencia británica al dominio romano. Gracias a Agrícola, a finales de los años 80 d. C., el control de Roma sobre Gran Bretaña era mucho más firme. Los esfuerzos de Agrícola por llevar la cultura romana a los británicos habían mejorado el control romano en el sur, y su destreza militar había permitido a los romanos conquistar el norte. Por primera y única vez, Roma tenía control sobre la mayor parte de la isla. Este control, sin embargo, estaba destinado a ser efímero.

La retirada de Roma y el muro de Adriano

Poco después de que Agrícola conquistara Escocia, los romanos abandonaron la tierra que habían conseguido con tanta lucha. Las amenazas en otras partes del imperio obligaron al emperador a retirar legiones de Gran Bretaña. Con menos personal, los romanos simplemente no podían retener toda la tierra que Agrícola había conquistado. Esto comenzó una retirada gradual hacia el sur para los romanos. El norte había sido esencialmente abandonado, pero los romanos ubicados allí continuaron siendo acosados por las tribus locales. La frontera entre el territorio controlado por los romanos y el área controlada por las tribus caledonias (o pictos, como también se les conoce) continuó moviéndose hacia el sur y fue una fuente constante de escaramuzas y conflictos.

En 122 d. C., el actual emperador, Adriano, decidió abordar personalmente la situación británica. Después de viajar a Gran Bretaña y evaluar la situación con sus propios ojos, Adriano ordenó que se construyera un muro a lo largo de la frontera entre la Gran Bretaña controlada por los romanos y el norte salvaje.

El Muro de Adriano se extendía por setenta y tres millas. A lo largo de la muralla había periódicamente torres, pequeños fuertes llamados "fortlets" y fuertes. También había una gran zanja, llamada "vallum", excavada detrás de la pared y los fuertes.

El muro de Adriano al oeste de Housesteads'

Aunque esta descripción ciertamente hace que el Muro de Adriano suene como una fortificación defensiva, actuaba más como una frontera. Las torres y fortalezas a lo largo de la muralla estaban demasiado espaciadas para formar un frente unificado contra cualquier invasión. Además, los romanos que se encargaban de las murallas eran entrenados para encontrarse con sus oponentes al aire libre en lugar de defenderse desde la parte superior de la muralla. Entonces, ¿de qué servía el muro? El Muro de Adriano era esencialmente un amortiguador. Su presencia física por sí sola era suficiente para contener las amenazas menores de las tribus del norte, y también restringía los viajes, lo que permitía a los romanos controlar mejor la frontera.

A pesar de tardar seis años en completarse, el muro de Adriano quedó obsoleto poco después de su finalización. El sucesor de Adriano como emperador, Antonino Pío, decidió intentar extender el control romano hacia el norte una vez más. El resultado fue el Muro de Antonino. A treinta y siete millas, se extendía a través de una parte más estrecha de la isla más al norte que el Muro de Adriano.

El Muro de Antonino, sin embargo, no duró mucho. El territorio entre el Muro de Adriano y el Muro de Antonino resultó demasiado difícil de mantener para los romanos. El Muro de Antonino fue abandonado, y el Muro de Adriano siguió siendo la frontera norte de la Gran Bretaña controlada por los romanos hasta el final de la ocupación romana. Roma había renunciado al norte.

La romanización

Los esfuerzos de Roma para conquistar el área que se convertiría en Escocia terminaron efectivamente mucho antes del año 200 d. C. En el sur, sin embargo, el dominio romano continuaría hasta aproximadamente el 410 d. C. Un período tan largo de ocupación estaba destinado a dejar su huella en los británicos.

La romanización había comenzado antes de la conquista en 43 d. C. Hubo contacto entre las Islas Británicas y el continente después de la invasión de Julio César en el año 54 a. C. El comercio tuvo lugar entre Roma y las tribus británicas, especialmente las tribus del sureste de Gran Bretaña. La romanización después de la conquista comenzó en gran parte con las ciudades. Había dos tipos de asentamientos romanos en Gran Bretaña: la *colonia* y el *municipium*. Las *colonias* eran asentamientos fundados y poblados por romanos. En Gran Bretaña, los romanos que vivían en las *colonias* eran típicamente exlegionarios a quienes se les daban tierras como pago al retirarse de su legión. Varias de las ciudades modernas de Gran Bretaña, como Colchester, comenzaron de esta manera.

Por lo tanto, las *colonias* eran romanas desde el principio, pero las *municipia* eran asentamientos nativos que estaban lo suficientemente romanizados como para ser reconocidos por el gobierno romano como ciudades. St. Albans es un ejemplo de una de esas ciudades. A pesar de ser originalmente una ciudad británica, St. Albans fue quemada hasta los cimientos durante la rebelión de Boudica, lo que indica que en el año 60 o 61 d. C. ya era considerada romana.

El establecimiento de *colonias* y *municipios* fue el núcleo del proceso de romanización. Cada ciudad gestionaba sus propios asuntos, así como los del territorio circundante. Así, cuando las ciudades se convirtieron en romanas, su influencia extendió la romanización por todo el territorio.

Pero ¿cómo eran exactamente las ciudades romanas? En diseño, las ciudades británicas de esta época comenzaron a parecerse a sus contrapartes romanas en el continente. Las calles se cruzaban en ángulos perpendiculares, dividiendo las ciudades en bloques ordenados. En el centro de cada pueblo se encontraba el foro, que era un mercado y lugar de reunión, y la basílica, un edificio utilizado para asuntos públicos.

Arquitectónicamente, los edificios dentro de este diseño romano no se parecían a lo que se encontraría en Italia. Ya sea por cuestión de estilo o de practicidad, la arquitectura de Roma no se hizo popular en Gran Bretaña. Sin embargo, si uno entrara en estas casas británicas, encontraría rápidamente la influencia romana. Características como los hipocaustos (espacios debajo de un piso utilizados para la calefacción) y los mosaicos fueron invenciones romanas comunes en los hogares británicos. La arqueología también ha encontrado más evidencia de romanización en las ciudades británicas por las monedas romanas, la cerámica y los objetos decorativos.

Monedas romanas del tesoro de Hoxne[5]

Sin embargo, la romanización no se detuvo en las ciudades. Los miembros de las tribus adineradas pronto también comenzaron a copiar las influencias romanas en la vida rural. Las villas (fincas rurales) se construyeron con características romanas. Con el tiempo, el latín se extendió como idioma común y los británicos adoptaron el entretenimiento y las comodidades romanas, como anfiteatros y baños públicos, e incluso modas romanas como la toga.

Todo esto creó una Gran Bretaña que era un territorio romano en lugar de una tierra conquistada. En algún momento, la gente comenzó a considerarse a sí misma como romanos que vivían en Gran Bretaña en lugar de británicos.

Eso no quiere decir que Gran Bretaña se haya convertido en una mini-Roma. Mientras que los británicos abrazaban muchos aspectos de la vida romana, Gran Bretaña nunca alcanzó la escala pura de Roma. Las ciudades no eran tan grandes y las villas no eran tan grandes como en Italia. Una vez que los romanos se fueron, poco de la era romana de Gran Bretaña sobrevivió. No había grandes estructuras romanas como el Coliseo que se mantuvieran durante los próximos cientos de años. Los monumentos prehistóricos de Gran Bretaña como el Stonehenge demostraron ser más duraderos que sus construcciones romanas.

Otro aspecto de la vida romana que no se afianzó en Gran Bretaña fue la religión. Los santuarios a los dioses nativos permanecieron durante todo el período romano, lo que indica la alta persistencia de las creencias religiosas británicas. Si bien Roma no podía reemplazar la religión nativa, sin embargo tuvo un impacto. A los dioses celtas se les dio forma romana, siendo el ejemplo más famoso la diosa celta de los manantiales, Sulis, que en Bath se combinó con la diosa romana Minerva.

El panteón romano puede no haber reemplazado a los dioses nativos de los britanos, pero los romanos introdujeron otra religión que demostraría tener un enorme impacto en Gran Bretaña: el cristianismo. La forma exacta en que el cristianismo llegó a las costas de Gran Bretaña sigue siendo un tema de leyenda y debate, pero sabemos con certeza que para el año 314 d. C., Gran Bretaña tenía al menos tres obispos cristianos que asistieron al Concilio de Arles. El cristianismo tendría un inmenso impacto en los anglosajones y la nación de Inglaterra, convirtiéndose en uno de los efectos más impactantes y duraderos de la ocupación romana.

Durante más de tres siglos, Gran Bretaña fue una provincia romana. Para el año 400 d. C., los britanos hablaban latín, vivían en ciudades romanas, gobernaban con sistemas romanos y usaban bienes romanos. Si Gran Bretaña estaba tan completamente romanizada, ¿qué iba a pasar cuando los romanos se fueran?

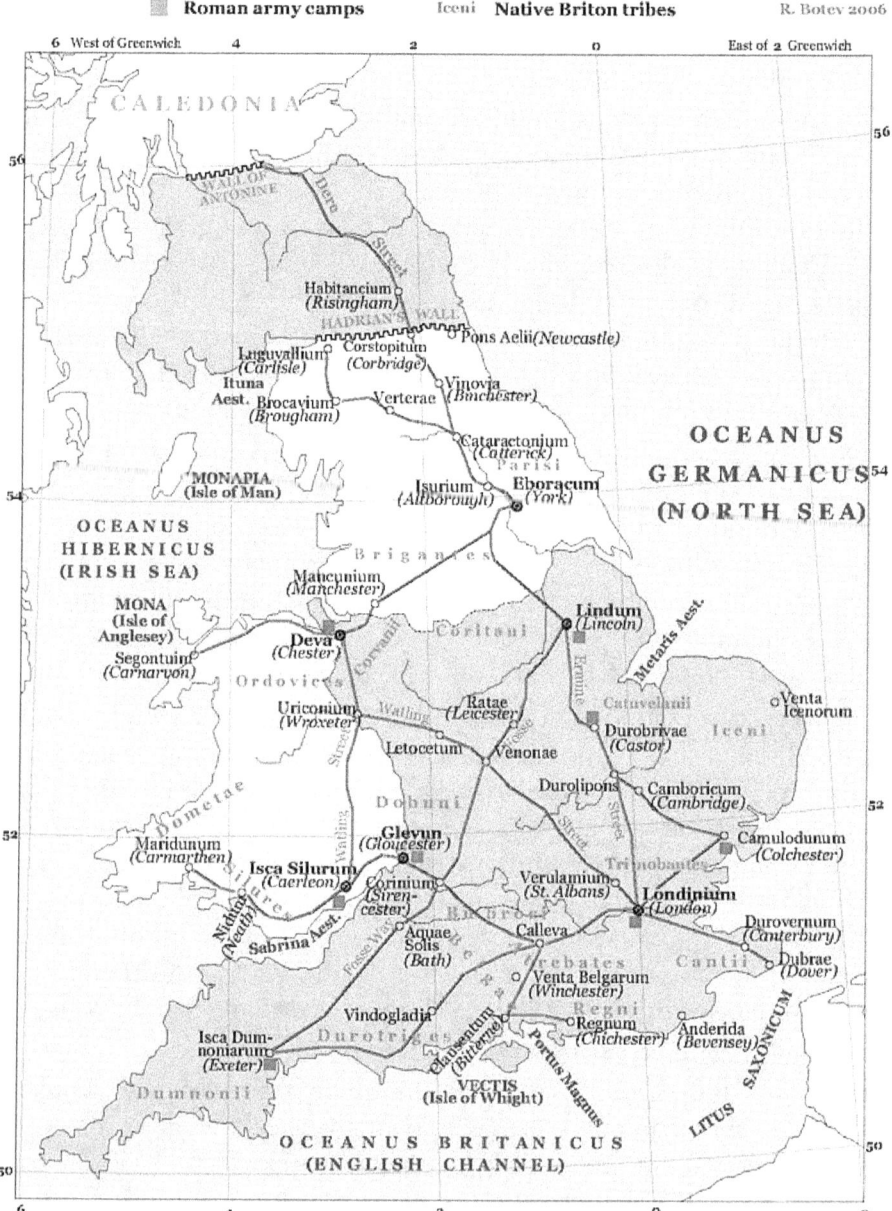

Mapa de la Britania romana 410°

Capítulo 4: Los anglosajones

La historia a menudo es repetitiva, y un drama histórico que se ha representado repetidamente en la historia humana es la caída de los imperios. Roma, a pesar de todo su poder, no era una excepción a este tropo.

En el siglo V, el Imperio romano estaba colapsando debido a una combinación de amenazas externas y luchas internas. A medida que las cosas iban de mal en peor, la remota provincia insular de Britannia estaba muy abajo en la lista de prioridades para Roma. Alrededor del 410 d. C., las legiones romanas fueron retiradas de Gran Bretaña para hacer frente a las amenazas en el continente, y las legiones nunca regresaron. Gran Bretaña no rompió con el dominio romano; fue arrojada a un lado por los romanos.

Tener un imperio conquistador que te libere sin derramamiento de sangre puede sonar genial, pero, como discutimos en el último capítulo, los británicos celtas se habían vuelto bastante romanizados. Además, ser una provincia romana tenía un beneficio crucial: las legiones romanas. Sin las legiones para protegerlos, los británicos celtas se vieron obligados a defenderse contra todo tipo de invasores.

Tres grupos principales se aprovecharon de una Gran Bretaña sin legiones romanas: los pictos de Escocia, los Scotti de Irlanda y los anglosajones del continente. Finalmente, los anglosajones pasaron de las incursiones a los asentamientos hasta que la tierra de Gran Bretaña se convirtió en Inglaterra, la tierra de los anglos.

La llegada de los anglosajones

Con la llegada de los anglosajones, finalmente estamos llegando a la parte inglesa de esta historia. Pero ¿quiénes eran exactamente los anglosajones? Según las primeras fuentes, los anglosajones eran un grupo formado por tres tribus diferentes de colonos del continente: los anglos, los sajones y los jutos. Los anglos y los sajones eran tribus germánicas, y los jutos eran una tribu nórdica. Estas tribus vinieron del norte de Europa y se establecieron en el sureste y sur de Gran Bretaña en los siglos V y VI.

No tenemos fechas exactas para la llegada de los anglosajones. Al igual que las tribus celtas, los anglosajones no tuvieron lenguaje escrito durante mucho tiempo, y como discutimos anteriormente, la falta de registros escritos deja a los historiadores con un trabajo más difícil. Sabemos muy poco sobre lo que sucedió en Gran Bretaña desde alrededor del 400 d. C., cuando partieron los romanos, hasta alrededor del 600 d. C. Para entonces, habían surgido siete reinos anglosajones (conocidos como la Heptarquía).

Esto significa que las fuentes que tenemos sobre el asentamiento anglosajón se escribieron mucho después de los acontecimientos. Estas fuentes tradicionales, como la *Historia Eclesiástica del Pueblo Inglés del Venerable Beda escrita en el* siglo VIII, dicen que los anglosajones conquistaron el sur de Gran Bretaña en un reinado de terror entre el 400 y 600, aniquilando a las tribus celtas y obligando a los sobrevivientes a huir a lo que se convertiría en las naciones celtas de Gales, Cornualles y Bretaña.

Si bien es cierto que los anglosajones no fueron amables con los celtas británicos (robaron sus tierras), es menos seguro que los anglosajones cometieran genocidio en la escala que originalmente pensábamos. Otra posibilidad más probable es la asimilación forzada. Los anglosajones despreciaron a los británicos celtas, obligándolos a entrar en el nivel más bajo de la sociedad mientras conquistaban sus tierras. Como resultado, los británicos celtas probablemente se fusionaron con la sociedad anglosajona para evitar el aislamiento social y la discriminación.

Entonces, a través de una mezcla de migración forzada, asimilación y asesinato, los británicos celtas fueron reemplazados por estos invasores del norte de Europa. En el siglo VII, los anglosajones se habían consolidado en siete reinos principales: Mercia, Northumberland, Wessex, Essex, Kent, Sussex y East Anglia.

Cultura anglosajona

Los anglosajones estaban aquí para quedarse, pero ¿cómo eran? La escritura no llegó a los anglosajones hasta su conversión al cristianismo, por lo que no tenemos registros escritos del período anglosajón temprano. Más tarde, después de que se introdujo la escritura, todavía había relativamente poca información confiable sobre estas personas. Muchos de los escritos de la época tienen claros sesgos e inexactitudes que los hacen difíciles de tomar al pie de la letra. Esta falta de información ha hecho que el período anglosajón de la historia inglesa se conozca como la Edad Oscura, pero este es un nombre engañoso basado en una visión sesgada.

El término "Edad Oscura" pretende describir una regresión de la civilización humana. Una edad oscura es una época de ignorancia y barbarie. Pero asignar el nombre de "Edad Oscura" al período anglosajón tiene mucho más que ver con los romanos que con los anglosajones. Durante el Renacimiento, el período inmediatamente posterior a la Edad Media, la sociedad vio un renovado interés y veneración por la cultura clásica griega y romana. Roma era vista como el lugar de nacimiento de la civilización occidental. Con una visión tan alta de Roma, era natural suponer que su salida de la isla de Gran Bretaña haría retroceder a su sociedad. El hecho de que no hubiera registros históricos escritos que contradijeran este punto de vista no ayudaba. Los anglosajones fueron vistos como un pueblo brutal por los historiadores durante mucho tiempo.

Sin embargo, a medida que la investigación sobre esta era continuó y aprendimos más sobre los anglosajones, sabemos que tal punto de vista no solo es parcial, sino que también no es cierto. Al igual que con la prehistoria de Gran Bretaña, la arqueología nos ha enseñado mucho de lo que sabemos sobre los anglosajones. Los sitios de entierro como Sutton Hoo muestran que los anglosajones tenían una cultura rica y sofisticada. Enterraron a algunos de sus muertos con muchos ajuares funerarios, lo que indica tanto una jerarquía social como una gran cantidad de riqueza. Los agricultores de subsistencia que apenas sobrevivían no podían permitirse enterrar a sus muertos con oro, joyas, armas y más.

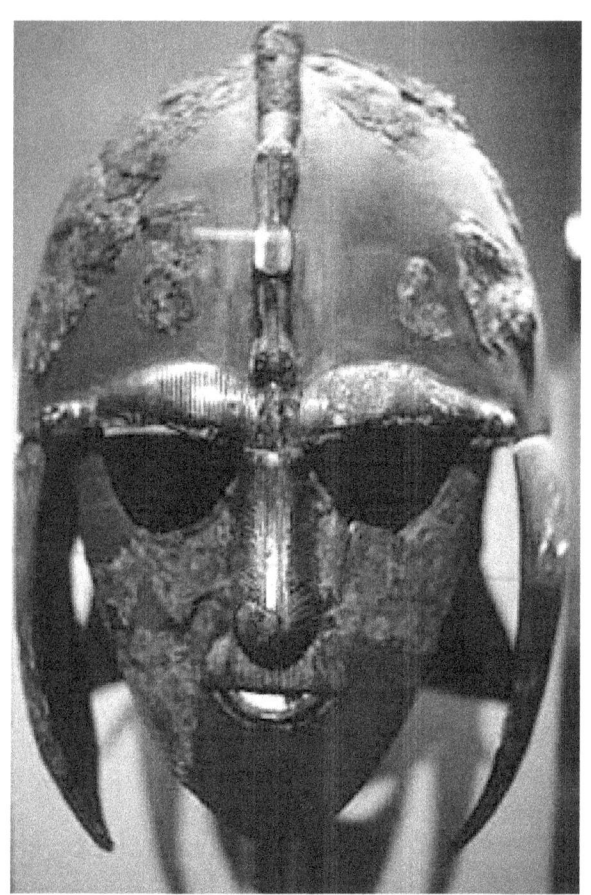
Casco del sitio de entierro de Sutton Hoo[7]

Por lo tanto, ahora sabemos que los anglosajones eran una sociedad exitosa y compleja. Dicho esto, la vida anglosajona también podría ser brutal. Los anglosajones vivían en sociedades tribales que ponían gran énfasis en el parentesco y el honor. Estos valores se tradujeron en una cultura donde matar para vengar a los miembros de la familia era bastante común. Los anglosajones desarrollaron el *wergeld*, un sistema que establecía un precio en la vida de una persona para que se pudiera hacer una compensación monetaria por asesinato. Esto era necesario para detener el ciclo interminable de asesinatos causados por una sociedad que exigía honor y venganza.

La guerra también era una parte común de la vida anglosajona. Recuerde que los anglosajones eran técnicamente invasores del continente. Para establecer sus reinos, tenían que apoderarse de la tierra de los britanos celtas. La tradición dice que las fuerzas celtas que resistieron las invasiones anglosajonas fueron dirigidas por el legendario rey Arturo, aunque no tenemos ninguna evidencia de que tal persona existiera. A pesar de todo, los anglosajones ciertamente usaron el poder militar para tomar el control de la isla, e incluso después de haber ganado el control, la guerra continuó.

En el siglo VII, siete grandes reinos anglosajones compartían la región sureste de una pequeña isla. También había reinos galeses al oeste y reinos escoceses al norte. Con tantos grupos en competencia apiñados en un área geográfica pequeña, la competencia por recursos como la tierra a menudo se volvía violenta. La guerra también era tentadora simplemente porque conducía a grandes ganancias. Los reinos más fuertes podían exigir tributos a sus vecinos más débiles, las personas capturadas en conflictos podían ser utilizadas o vendidas como esclavos, y se podían confiscar tesoros y recursos de los oponentes derrotados. En el mundo anglosajón, la guerra era económica.

Mapa de los reinos anglosajones[8]

Eso no significa que los anglosajones pasaran todo el tiempo luchando. Todavía estamos en un período en que, para que la sociedad humana sobreviviera, la mayoría de las personas debían ser agricultores. Entonces, la vida cotidiana para la mayoría de los anglosajones habría implicado trabajar la tierra.

Sin embargo, la vida no era solo trabajar y luchar. También tenían entretenimiento. Por ejemplo, la poesía era una gran parte de la cultura anglosajona. Debido a su ritmo, la poesía es más fácil de memorizar y escuchar, lo que la convierte en un excelente entretenimiento para personas sin televisión o fácil acceso a los libros.

El poema anglosajón más famoso es la epopeya, *Beowulf*, que sigue al héroe titular a través de sus aventuras matando monstruos. Otros ejemplos de poesía anglosajona incluyen el *Caedmon's Hymn*, *The Seafarer,* and *The Battle of Maldon.*

Estos poemas nos dicen mucho sobre lo que valoraba la cultura anglosajona. Poemas como *Beowulf* y *La batalla de Maldon* cuentan las historias de héroes que finalmente caen en la batalla. Esto nos dice que los anglosajones veían la guerra como algo más que una ganancia económica. Había un honor percibido en ser un guerrero y morir en batalla. Por otro lado, los anglosajones también escribieron poemas como el *Himno de Caedmon* y *El navegante*. *El Himno de Caedmón* es, como su nombre lo indica, un himno que alaba a Dios. *The Seafarer* (El Navegante) pertenece a un género llamado "poesía de la sabiduría" que describe los altibajos de la vida. El poema cuenta la historia de un exiliado en el mar que debe esperar la gloria del cielo para encontrar su redención.

Como se puede ver en estos dos últimos poemas, los valores cristianos eran parte de la cultura anglosajona. La conversión de los anglosajones al cristianismo es un factor clave para comprender quiénes eran y cómo afectaron a Inglaterra.

Conversión al cristianismo

El cristianismo llevó la escritura a los anglosajones y permitió que los reinos anglosajones reclamaran un lugar en el gran esquema de la política europea. La tradición cristiana dice que José de Arimatea, en cuya tumba se colocó a Jesús después de su crucifixión, llevó el cristianismo a Gran Bretaña durante la época de los romanos, pero no hay evidencia histórica que respalde esta afirmación. Una leyenda posterior dice que el papa

Gregorio I envió a Agustín en 597 para convertir a los anglosajones después de comentar sobre la belleza de los niños anglosajones en el mercado de esclavos de Roma. Si bien Agustín pudo haber actuado como misionero para los ingleses, difícilmente podemos darle el crédito exclusivo de haber llevado el cristianismo a Inglaterra, ya que ya estaba en la isla en la época romana. Los misioneros irlandeses probablemente también desempeñaron un papel importante en la conversión de los anglosajones.

A pesar del cómo, el cristianismo se extendió gradualmente por la isla y tuvo una gran influencia en los anglosajones. Cambió sus fechas importantes, rituales e incluso sus valores. La iglesia pronto estaría involucrada en la vida de una persona desde el nacimiento hasta el matrimonio y la muerte.

Para que toda una sociedad cambie sus convicciones religiosas, la clase dominante también debe cambiar. Como veremos mucho más adelante en la historia inglesa, es muy difícil mantener un sistema de gobierno que funcione cuando un gobernante y el pueblo son de diferentes religiones. Por lo tanto, parte de la razón por la que el cristianismo se apoderó de los anglosajones puede deberse a que sus gobernantes se convirtieron.

Muchos reyes anglosajones se convirtieron al cristianismo debido a los beneficios que les ofrecía. Uno de estos beneficios suena relativamente simple, pero tiene implicaciones de largo alcance, y es la escritura. Los monjes y misioneros cristianos eran un grupo alfabetizado en una época de mucho analfabetismo. Su habilidad para escribir permitió a los reyes anglosajones a los que servían hacer leyes y enviar órdenes a otras áreas. La escritura hizo que la transmisión de información fuera mucho más fácil y precisa, lo que permitió a los reyes gobernar áreas mucho más grandes.

Hubo muchos otros beneficios que los gobernantes de la sociedad anglosajona obtuvieron del cristianismo. Rituales como la asignación de padrinos permiten a los gobernantes conectarse fácilmente con otras familias gobernantes. La iglesia y otras instituciones religiosas como los monasterios también dieron a los gobernantes otro lugar para nombrar personas leales a sí mismos. Tener obispos y monjes leales al rey dispersos por todo un reino era otra forma en que el cristianismo ayudaba a los reyes anglosajones a consolidar y aumentar su poder.

Para entender por qué el cristianismo podía ofrecer tanto poder a los reyes anglosajones, debemos considerar que, anteriormente, había pocas instituciones públicas involucradas en la vida cotidiana de una persona.

Los anglosajones estaban preocupados por sus parientes, pero más allá de los lazos de sangre, había poco que los conectara con sus vecinos o gobernantes. El cristianismo trajo una institución uniforme a los anglosajones. Con el cristianismo, todos en el reino adoraban al mismo tiempo y de la misma manera. Las iglesias también se convirtieron en importantes centros comunitarios para eventos como bautismos, matrimonios y entierros. Los monasterios comenzaron a funcionar como centros de caridad en las comunidades. El cristianismo proporcionó instituciones que unieron a los anglosajones con mayor firmeza. Cuanto más firmemente se uniera el pueblo, más fácil sería para la clase dominante expandir su poder.

Sin embargo, en última instancia, no fue el cristianismo, sino algo completamente diferente lo que unió a los siete reinos anglosajones en un solo reino conocido como Inglaterra.

Capítulo 5: Las incursiones vikingas y la formación de Inglaterra

En el último capítulo, hablamos sobre los anglosajones, pero es engañoso hablar de esas personas como si fueran un grupo uniforme. El término "anglosajones" no existía en ese momento. En los siglos VII y VIII, las personas que vivían en Inglaterra, aunque compartían muchas similitudes culturales, no se habrían considerado a sí mismas como un grupo de personas.

Los siete reinos de los anglosajones competían constantemente por el poder. A veces, un reino (particularmente Northumbria, Mercia y Wessex) surgía como el tributo más poderoso y requerido de los demás, pero no había consolidación ni unidad entre los reinos. Se necesitaría una amenaza externa significativa para convertir a los reinos anglosajones en Inglaterra.

Entrada de los vikingos

A finales del siglo VIII, las Islas Británicas se enfrentaban a una nueva amenaza. Los invasores de Escandinavia, conocidos colectivamente como "vikingos", comenzaron a atacar. Las primeras incursiones datan de la década de 790, pero aumentaron en el siglo siguiente, y es fácil ver por qué. Una población en crecimiento en Escandinavia estaba buscando recursos, y Gran Bretaña era el objetivo principal. Los anglosajones cristianos habían construido muchos monasterios adornados con riquezas varias y habitados por monjes y monjas sin defensas. Eran objetivos fáciles y rentables para los vikingos, que no tenían reparos religiosos que les impidieran aprovecharse de estos centros religiosos.

Imagine la poca resistencia que encontró un grupo de guerreros vikingos armados frente a los monjes. No había nada que desalentara a las incursiones, y el hecho de que muchos de los monjes se reincorporaran después de cada incursión solo significaba que los vikingos nunca se quedarían sin objetivos.

Por supuesto, la gran devastación causada por los vikingos no era simplemente porque elegían objetivos fáciles. Incluso cuando atacaban asentamientos con habitantes que se defendían, los vikingos eran una fuerza mortal. Sus embarcaciones eran largas y estrechas, lo que les permitía desembarcar directamente en la playa cerca de los asentamientos. Los vikingos podían atacar rápidamente y luego volver al mar antes de que las víctimas supieran lo que había sucedido.

Por devastadoras que fueran estas incursiones, especialmente para los que viven en la costa, probablemente no las estaríamos discutiendo aquí si los vikingos se hubieran detenido en las incursiones. Debe haber habido algo atractivo en las Islas Británicas porque los invasores vikingos se convirtieron en algo mucho más aterrador: los colonos vikingos.

Al igual que los anglosajones antes que ellos, a mediados del siglo IX, los vikingos comenzaron a extender su tiempo en Inglaterra más allá de la temporada de incursiones. Comenzaron a pasar el invierno (pasar la temporada cuando los mares estaban demasiado agitados para viajar) en las islas, estableciendo asentamientos. Con el establecimiento de asentamientos vinieron conflictos más grandes con los anglosajones. Ahora no eran solo las ciudades costeras las que tenían que temer a los invasores.

En 865 d. C., las cosas iban de mal en peor para los anglosajones. Un gran ejército de vikingos desembarcó y pronto comenzó a conquistar los reinos anglosajones. Esta enorme fuerza era conocida como el Gran Ejército Pagano. El nombre, que obtenemos de la Crónica anglosajona, revela un sesgo hacia los invasores, por lo que algunos historiadores se refieren a esta fuerza simplemente como el Gran Ejército o el Gran Ejército Vikingo. Los tres nombres se refieren al mismo grupo.

Independientemente de cómo lo llames, el Gran Ejército fue sin duda eficaz. Los vikingos conquistaron East Anglia, Mercia y Northumbria sin problemas. Su influencia y creciente poder en Gran Bretaña no tuvieron control durante la década siguiente.

Alfredo el Grande y el ascenso de Wessex

Después del éxito inicial de la invasión del Gran Ejército, los vikingos, habiendo conquistado tres reinos con relativa facilidad, tenían un último territorio anglosajón importante por conquistar: Wessex.

Wessex se había enfrentado a ataques vikingos durante los primeros años después del desembarco del Gran Ejército. Su rey incluso murió en los combates en 871 d. C., dejando a su hermano Alfred, el quinto de cinco hijos, como nuevo rey de Wessex. Durante un tiempo, hubo un indulto en la lucha, pero en 876 d. C., los vikingos renovaron sus esfuerzos para conquistar Wessex. En 878 d. C., los vikingos parecían estar muy cerca de la victoria. Su ataque sorpresa a la fortaleza de Wessex en Chippenham obligó al rey Alfredo a huir a los pantanos de Somerset con solo algunos de sus hombres. Wessex estaba casi conquistado.

Dejar escapar al rey Alfred resultó ser un gran error. Mientras se escondían en los pantanos, Alfred y sus hombres comenzaron una guerra de guerrillas contra los vikingos. Sin embargo, quizás lo más importante es que Alfredo también logró reconstruir sus fuerzas. Con su nuevo ejército, Alfred marchó contra los vikingos más tarde ese año. El enfrentamiento entre las dos fuerzas tuvo lugar en Edington, fuera de la fortaleza de Chippenham, que los vikingos habían ocupado después de obligar a Alfredo a huir.

Las fuerzas de Alfredo derrotaron a los vikingos, liderados por Jarl Guthrum, en Edington, y obligaron a los vikingos a huir a Chippenham, donde se rindieron a Alfredo después de un breve asedio. Los términos del tratado que siguió fueron relativamente simples: Guthrum debe ser bautizado como cristiano, y los vikingos debían abandonar Wessex.

Profundicemos en ambos aspectos porque nos dicen mucho sobre esta época y lo que viene después en la historia de Inglaterra. Primero, ¿por qué Alfred requeriría que Guthrum fuera bautizado?

En nuestro mundo moderno, es difícil para nosotros comprender realmente cuán arraigada estaba la religión en todos los aspectos de la vida en la Edad Media. De hecho, hay dos errores que podemos cometer al pensar en la religión de aquellos tiempos. Uno sería suponer que nadie tomaba en serio su religión. La religión, especialmente el cristianismo, era una gran parte de la vida medieval. También sería un error pensar que la religión nunca se convirtió en una herramienta de política o poder. Cuando una institución o sistema de creencias está tan extendido que se funde en todos los aspectos de la vida, la gente tratará de usarlo para sus propios fines.

Con estas dos cosas en mente, tal vez podamos entender mejor por qué Alfred requeriría que Guthrum fuera bautizado, lo cual era una clara señal de conversión al cristianismo. Recibir el bautismo era un signo de lealtad política y un compromiso serio. Esto no significa que Guthrum necesariamente tuviera un cambio de corazón y religiones verdaderamente convertidas, sino que al menos estaba comprometido con una muestra pública de paz y, en cierto nivel, sumisión a Alfred. No era un acto que pudiera olvidarse convenientemente más tarde. Como acto religioso, era una forma más efectiva de vincular el acuerdo de paz que un simple apretón de manos.

Cuando consideramos la otra parte del acuerdo de paz entre Alfred y Guthrum, el requisito del bautismo tiene más sentido. Alfredo quería que los vikingos invasores abandonaran Wessex y no quería que regresaran. Los vikingos habían estado tratando de conquistar Wessex durante aproximadamente una década, y se requería un tratado más permanente para una paz más permanente.

Para Alfred, lograr esa paz significaba dejar que los vikingos tuvieran lo que ya habían conquistado. Alfred y Guthrum acordaron dividir el sureste de Gran Bretaña. Alfred mantuvo el control de Wessex y los reinos anglosajones más pequeños (incluido Kent), y a Guthrum y sus seguidores se les dio el área de East Anglia y partes de Mercia y Northumbria. Aceptar que los paganos tuvieran tierras conquistadas por cristianos habría sido una decisión muy desagradable, aunque prudente, pero al bautizar a Guthrum, Alfred estaba en efecto negociando con un gobernante cristiano.

El área colonizada por Guthrum y sus vikingos se conoció como Danelaw porque estaba bajo un sistema legal de estilo danés. Hagamos unas aclaraciones. Aunque nos referimos a la gran fuerza invasora que conquistó los reinos anglosajones y luchó con Alfred como los vikingos, Alfred y sus contemporáneos se referían a estas personas como los "daneses". Eso es porque los vikingos que invadieron el sur de Gran Bretaña eran daneses. Sin embargo, en aras de la corrección, también debemos señalar que no todos los vikingos son daneses. Los invasores vikingos que atacaron otras partes de las islas británicas, como Irlanda y

Escocia, eran nórdicos. "Vikingos" es un término general que se refiere a los asaltantes de los países escandinavos de este período.

Gracias a los vikingos, Wessex era ahora el reino anglosajón dominante en la isla, y Alfredo era el primer gobernante, pero Inglaterra todavía no existía como tal. Los vikingos todavía controlaban enormes partes de lo que había sido tierra anglosajona.

¿Paz duradera?

Si el acuerdo de paz creado por Guthrum y Alfred hubiera durado, Inglaterra podría no haberse formado nunca. Sin embargo, basándonos en lo que sucedió después, podemos suponer que ninguna de las partes tomó en serio la paz establecida después de la batalla de Edington a pesar del bautismo y el establecimiento de límites.

En 885 d. C., siete años después de la batalla de Edington, Alfredo estaba repeliendo de nuevo a los daneses/vikingos de Kent. Esta invasión fue apoyada por los daneses de East Anglia (el pueblo de Guthrum) y fue una violación a la paz que se había establecido. Sin embargo, Alfred no fue simplemente una víctima de la lujuria bélica vikinga. Al año siguiente, Alfredo capturó Londres, una importante posición estratégica entre el área controlada por los anglosajones y la tierra controlada por los daneses.

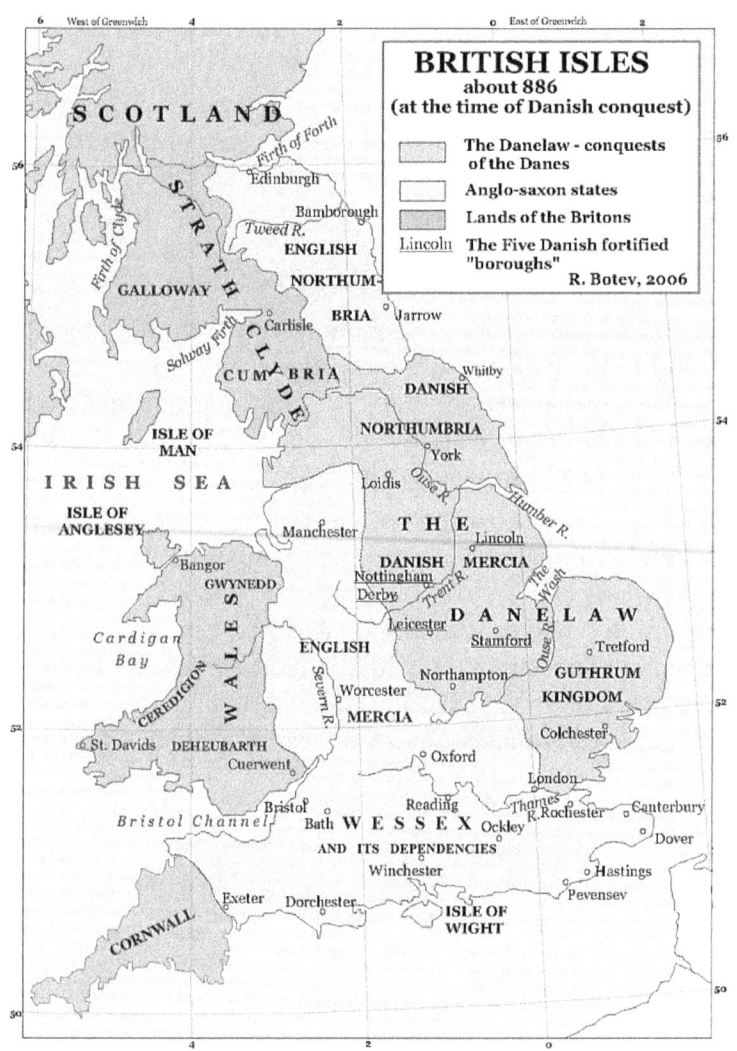

Inglaterra en la época del Danelaw [9]

Según John Asser, un biógrafo contemporáneo que conocía a Alfred personalmente, este acto de retomar Londres le valió a Alfred la aceptación de los otros anglosajones como su rey. Sin embargo, no consideramos que este sea el comienzo del Reino de Inglaterra, ya que gran parte del territorio anglosajón permaneció bajo dominio danés.

Con la toma de Londres, Alfred pudo haber tenido la intención de lanzar nuevos asaltos para expulsar a los daneses de la isla, pero nunca tuvo la oportunidad. Se vio obligado a ponerse a la defensiva de nuevo en el 892 d. C. contra las fuerzas danesas del continente. Cuando murió en el año 899 d. C., Alfredo ya no había hecho más progresos en el proceso de tomar el resto de los reinos anglosajones. Esa era una tarea para los hijos de Alfredo.

Pero antes de pasar a los hijos de Alfredo, deberíamos pasar más tiempo hablando de Alfredo porque es uno de los pocos reyes de la historia que ha recibido el apodo de "el Grande".

Alfredo el Grande del Breve Compendio de las Crónicas de Inglaterra[10]

Alfredo el Grande hizo mucho más que salvar a los anglosajones de los vikingos. También era un estudiante y un administrador experto. Alfredo trabajó para mejorar las tasas de alfabetización en su reino y tradujo varias obras destacadas al inglés para poner sus conocimientos a disposición de aquellos que no sabían latín. Tradujo varias obras y puso a otros a trabajar en su nombre. Esta promoción del idioma inglés también ayudó a crear un mayor sentido de identidad inglesa.

Como gobernante, Alfredo era sensato. Fue responsable de la creación de un código legal que dio a los anglosajones una estructura legal más coherente, ya que anteriormente tenían muchas leyes y sistemas legales diferentes. Si bien esto puede parecer un hecho aburrido, el establecimiento de un código de ley único es muy importante. No podría haber un reino unificado y, por lo tanto, no podría haber Inglaterra sin un sistema legal único. Un rey no podía gobernar efectivamente un área con una docena de conjuntos diferentes de leyes. Por lo tanto, aunque el propio Alfredo no unió a los anglosajones en la nación que ahora conocemos como Inglaterra, el trabajo que hizo para detener el avance de los daneses y comenzar a unificar a los anglosajones hizo posible la formación de Inglaterra.

El comienzo de Inglaterra

Si Alfredo el Grande no formó Inglaterra, ¿quién fue el primer rey de Inglaterra? Tomó el trabajo militar y diplomático del hijo y nieto de Alfred volver a poner a la Danelaw bajo el control anglosajón. En 927, el nieto de Alfredo, Athelstan, se convirtió en el primer rey en gobernar efectivamente todas las tierras anglosajonas. Sin embargo, este no fue el comienzo de una larga lista de reyes ingleses que pasaron el trono de padre a hijo. Si bien podría ser así como funciona idealmente una monarquía, en la tumultuosa Edad Media, rara vez funcionaba de esta manera. Cuando Athelstan murió en 939, no tenía hijos, por lo que el trono fue a su medio hermano, Edmundo I.

Entonces, sorprendentemente, los vikingos volvieron a invadir. Esta vez, fueron los vikingos nórdicos (no los daneses) con sede en Dublín quienes atacaron y tomaron el control de Northumbria y asaltaron las Tierras Medias. La unificación de los anglosajones que Athelstan había logrado llegó a su fin.

Pero esta situación tampoco duró mucho. En 944, Edmundo I había recuperado el control de las Tierras Medias y Northumbria. Se restauró un reino anglosajón unido, pero las cosas aún no habían terminado. Cuando Edmund I fue asesinado por un forajido en 949, su hermano Eadred tomó el trono, ya que los hijos de Edmund aún eran demasiado pequeños para gobernar. El reinado de Eadred fue testigo de la rebelión de Northumbria, pero había consolidado firmemente su control sobre la región antes de morir en 955. Su sucesor fue su sobrino, Eadwig, que se convirtió en rey con solo quince años.

Eadwig no era un rey popular. Su mal manejo de la iglesia y otros miembros poderosos en su corte llevó a Mercia y Northumbria a prometer su lealtad a su hermano menor de catorce años, Edgar, en 957. El apoyo de Edwig fue tan bajo que este arreglo fue aceptado, y el reino se dividió efectivamente: Edgar gobernando Mercia y Northumbria y Eadwig gobernando Wessex y Kent. Una vez más, la unidad de los anglosajones había sido destruida.

Esto también duró poco tiempo. El rey Eadwig murió dos años más tarde, en 959, y Edgar se convirtió en el único gobernante de los anglosajones. Con su reinado, Inglaterra comenzó a ver mayor estabilidad. Edgar fue el primer rey en ser coronado oficialmente en una ceremonia de coronación como Rey de Inglaterra. Su coronación tuvo lugar a finales de su reinado en 973 como celebración de la estabilidad que Inglaterra había experimentado bajo su mando. No fue hasta más tarde que las coronaciones comenzaron a tener lugar al comienzo del gobierno del monarca.

Vidriera que representa al rey Edgar en la capilla All Souls[11]

Un Reino Unido

Así, gracias a los vikingos, nació Inglaterra. La amenaza externa que representaban los vikingos obligó a Inglaterra a unificarse. Y, aunque tuvo un comienzo un poco difícil, la unificación de los ingleses que comenzó con Alfredo el Grande estaba bien establecida al momento de la coronación de Edgar en 973. Durante el siglo siguiente, este sentido de identidad colectiva se hizo más fuerte a medida que la dinastía Wessex continuó gobernando. El lenguaje común, las leyes comunes, un rey común e incluso una administración local común trabajaron juntos para crear un pueblo común. Sin embargo, Inglaterra no siempre sería exclusivamente la tierra de los ingleses. En 1066, otro grupo llegó y trajo algunos grandes cambios.

Capítulo 6: La conquista normanda

La dinastía Wessex incluyó a los primeros reyes de Inglaterra, pero no estaban destinados a gobernar el país para siempre. Mantener el trono en una sola dinastía es mucho más difícil de lo que se piensa. Dos problemas importantes impiden que las dinastías continúen. Una es la falta de herederos. Si una familia no puede producir la próxima generación, finalmente perderá el trono. El otro problema que puede interrumpir una dinastía es una toma de posesión hostil. Hasta cierto punto, se necesitaba poder para mantener un trono en la Edad Media.

En 1066, uno de los años más famosos de la historia inglesa, Inglaterra enfrentó ambos problemas simultáneamente. Su rey había muerto sin heredero, y varios invasores desembarcaron con la esperanza de apoderarse del trono y del reino por la fuerza. Esta es la historia de la conquista normanda.

Contexto

Con una interrupción desde 1016 al 1042 (gobierno danés), la dinastía Wessex gobernó desde la época de Athelstan hasta Eduardo el Confesor.

Eduardo el Confesor gobernó de 1042 a 1066, directamente después de la interrupción danesa. Fue llamado "el Confesor" por su piedad, que incluía un supuesto voto de celibato que se extendió incluso a su matrimonio. Si Eduardo era célibe o no sigue siendo un punto de discusión, pero independientemente de eso, cuando murió en 1066, no tenía herederos. Por lo tanto, nombró a su asesor más poderoso como su heredero: Harold Godwinson.

Sin embargo, Harold tendría que luchar si quería mantener el trono. La muerte de un rey sin hijos era una oportunidad demasiado grande para muchos. Sin embargo, la primera amenaza a la que se enfrentó Harold no fueron los normandos. El hermano de Harold, Tostig, y el rey de Noruega, Harald Hardrada, unieron fuerzas y atacaron York. Harold se apresuró hacia el norte para encontrarlos.

El primer intento de Harold de derrotar a los aspirantes rivales al trono fue un éxito rotundo. En la batalla de Stamford Bridge el 25 de septiembre de 1066, las fuerzas de Harold salieron victoriosas y sus dos rivales murieron en combate. Harold había demostrado que podía defender su derecho al trono, pero esto no había terminado. Había otra persona que sentía que tenía derecho al trono inglés: Guillermo de Normandía.

¿Por qué iba a pensar el duque de Normandía que tenía derecho a la corona inglesa? En resumen, Guillermo afirmó que Edward lo había nombrado como su sucesor e incluso que Harold Godwinson había prometido apoyar el reclamo de Guillermo. No sabemos qué tan verídica son las afirmaciones de Guillermo. De hecho, Eduardo tenía vínculos con Normandía debido al tiempo que pasó en exilio. Eduardo incluso causó tensión como rey cuando comenzó a nombrar a demasiados normandos para cargos en su gobierno. Por lo tanto, no es imposible que Eduardo nombrara a Guillermo como su sucesor.

La otra parte sobre Harold prometiendo honrar el reclamo de Guillermo parece menos probable. Era una excusa bastante conveniente para Guillermo porque le daba justificación con el papa para invadir Inglaterra e impulsar su reclamo. Tal afirmación puede incluso haber sido forzada por Harold durante una misión diplomática que salió mal unos años antes. Independientemente de si Harold había hecho un juramento o no, no iba a entregar el trono a Guillermo sin luchar. Guillermo reunió un ejército y navegó a través del canal.

La Batalla de Hastings

El 28 de septiembre, solo tres días después de la batalla de Stamford Bridge y mientras Harold y sus fuerzas aún estaban lejos en el norte, Guillermo y sus hombres desembarcaron en el sur de Inglaterra. En lugar de marchar hacia el interior, Guillermo hizo usó Hastings como base y esperó a que Harold se acercara a él, quemando el campo circundante para atraer a Harold.

Y Harold hizo exactamente eso, apresuró a su ejército hacia el sur para enfrentarse a las fuerzas normandas. Aunque no podemos estar seguros de las razones de Harold, no puede haber duda de que fue un error militar. Al tratar de mover sus fuerzas tan rápidamente, Haroldo perdió parte de su ejército y no tuvo tiempo de reunir más hombres antes de enfrentarse a Guillermo el 14 de octubre de 1066.

A pesar de estas desventajas, la batalla de Hastings estaba lejos de ser una derrota normanda. Los ingleses formaron un muro de escudo encima de una pendiente para resistir las cargas de la caballería normanda. La batalla se prolongó durante la mayor parte del día, y ningún lado pudo quebrar al otro. En última instancia, las fuerzas inglesas, que estaban compuestas en su totalidad por soldados de infantería, no pudieron derrotar a los normandos. El muro de escudo era una fuerte formación defensiva, pero carecía del aumento ofensivo necesario para dispersar y destruir a los normandos. La caballería normanda, por otro lado, finalmente atravesó el muro defensivo, y mató a los líderes ingleses, incluido Harold. Así terminó el breve reinado de Harold Godwinson.

Parte del Tapiz de Bayeux que muestra la muerte de Harold[13]

Habiendo derrotado a Harold, Guillermo se dirigió lentamente hacia Londres. Sin nadie de poder real para resistirse a él, los principales hombres de Inglaterra aceptaron lo inevitable y se sometieron a Guillermo antes de que llegara a Londres. Fue coronado rey el día de Navidad en la Abadía de Westminster. Los normandos habían conquistado Inglaterra.

Inglaterra bajo el Conquistador

La conquista normanda hizo mucho más que dar a Inglaterra un nuevo rey. El nuevo régimen implementó bastantes cambios. Una de las primeras cosas de las que debe preocuparse un rey conquistador es mantenerse en control. Para consolidar su control sobre el país, Guillermo se embarcó en una juerga de construcción de castillos, y erigió el primero en Hastings antes de haber conquistado Inglaterra. Sorprendentemente, antes de 1066, Inglaterra tenía relativamente pocos castillos. Las casas de las élites en la Inglaterra anglosajona no se construían teniendo en cuenta la defensa extrema, y las ciudades eran demasiado grandes para ser bien defendidas.

La construcción de una red de castillos permitió a Guillermo mantener un firme control sobre su nuevo país. Los castillos eran lugares defendibles desde los que se podía ejercer el poder, ya que tenían guarniciones que podían usarse para lidiar con cualquier rebelión. Las construcciones de Guillermo otorgaron fuertes puntos de apoyo en todo el territorio.

Sin embargo, los castillos no eran suficientes para detener una rebelión. En los primeros cinco años de su reinado, Guillermo se enfrentó a varias rebeliones de ingleses irritados por el nuevo gobierno. Un gran levantamiento en el norte en 1069 enfureció tanto a Guillermo que ordenó a su ejército arrasar la zona, quemando los suministros de alimentos y causando una devastación que duró años.

Sin embargo, para el 1071, el gobierno de Guillermo era bastante seguro, y traía más cambios. El Conquistador trajo varias ideas del continente que implementó en Inglaterra, siendo quizás el feudalismo el más influyente.

Aunque podemos pensar que el feudalismo se aplica a toda la Edad Media, Inglaterra antes de 1066 no tenía un sistema feudal. El feudalismo se refiere a cuando a un inquilino se le otorga tierra (llamada feudo) de un señor, jurando lealtad al señor por el derecho a trabajar la tierra. Aunque la gente en la Inglaterra anglosajona juraba lealtad a los señores y al rey, no recibían sus tierras de los señores (no eran inquilinos), que es el componente clave del feudalismo.

Mientras que el feudalismo como idea vino del continente, en Inglaterra, Guillermo introdujo un sistema feudal que no existía en ningún otro lugar. Como conquistador, Guillermo sintió que toda Inglaterra le pertenecía. Por lo tanto, podía parcelar la tierra como le pareciera, dando grandes trozos de tierra a sus partidarios normandos. Guillermo incluso consideraba que las tierras en poder de la iglesia estaban bajo su control, y que los obispos y abades también eran sus inquilinos. Esto significaba que toda Inglaterra estaba en manos del rey, y cada terrateniente en Inglaterra recibía su tierra del rey. Estos "arrendatario en jefe" a quienes el rey otorgaba tierras, luego parcelaban la tierra a sus partidarios, quienes hacían juramentos similares. Así, se creó la cadena feudal. En ningún otro lugar de Europa existía el feudalismo en una jerarquía tan perfecta, y el rey finalmente era dueño de toda la tierra. Esto solo era posible gracias a las circunstancias de la conquista normanda.

Como la persona que poseía la tierra, el rey tenía varios privilegios importantes en el sistema feudal. Todos los que poseían tierras tenían que suministrar caballeros para el ejército del rey. Los honorarios deben pagarse al rey a la muerte del inquilino si la tierra iba a pasar al heredero. Si no había heredero, la tierra regresaba al rey, y si el heredero era menor de edad, la tierra regresaba al rey hasta que el menor cumpliera la mayoría de edad. Mientras tanto, estaban bajo la tutela del rey. Como el último terrateniente, el rey también tenía control sobre el matrimonio de las viudas que controlaban la tierra y las herederas establecidas para heredar la tierra.

Esto era demasiado control político. La mano de una heredera rica puede ser una herramienta de negociación política. Este sistema también significaba que el rey tenía control directo sobre más tierras que nadie, lo que contrastaba marcadamente con el sistema anglosajón anterior. En la época de Eduardo el Confesor, varios nobles tenían más tierras y riquezas que el rey. Bajo el feudalismo, el rey era sin duda el hombre más poderoso del reino.

Los normandos también trajeron otros cambios. Debido a que Guillermo recompensó a sus seguidores con tierras, la mayor parte de Inglaterra pronto quedó en manos normandas. Sin embargo, muchos de estos normandos no tenían interés en mudarse a Inglaterra. Simplemente querían la riqueza que se podía obtener de su nueva propiedad. Estaban mucho más interesados en recibir dinero que bienes de la tierra. Este deseo condujo a una disminución de la esclavitud, ya que los normandos preferían inquilinos que pagaban en lugar de esclavos que producían bienes. Sin embargo, esto no significa necesariamente que las personas se hayan vuelto más libres. Bajo el feudalismo, un agricultor que alquilaba tierras a un señor no podía abandonar la tierra y tenía que pagar tarifas a su señor por acciones como casar a una hija.

El énfasis en la tierra en el que se basaba el sistema feudal trajo otro cambio a Inglaterra. En la Inglaterra anglosajona, una familia era un grupo grande que consistía en muchos parientes extendidos. La riqueza y el poder provenían en gran medida de quién era su familia, y la tierra a menudo se distribuía entre varios parientes a la muerte del terrateniente, el objetivo general era mantener a la familia fuerte. Sin embargo, con los normandos llegó un estrechamiento del sentido de familia. Los normandos utilizaban la práctica de la primogenitura, que es cuando toda la finca pasa intacta al hijo mayor. La primogenitura mantuvo unida la tierra, lo que permitió a los ricos consolidar propiedades más grandes. Esta práctica de pasar todo a una persona resultó en un mayor enfoque en la familia inmediata y un estrechamiento del sentido del deber familiar y la responsabilidad hacia la familia extendida. Fue un cambio cultural que resonaría en la época victoriana.

Estos cambios resaltan solo algunos de los principales impactos que la conquista normanda tuvo en Inglaterra. Fue un evento que sacudió y cambió el reino hasta su núcleo. Pero si fue un cambio tan dramático, ¿por qué Inglaterra sigue siendo inglesa? ¿Qué pasó finalmente con los normandos?

El fin del dominio normando

El fin del dominio normando fue muy similar a su comienzo. Todo comenzó con un rey que no tenía un heredero. Enrique I, el cuarto hijo de Guillermo el Conquistador y el tercer rey normando en gobernar Inglaterra, tuvo varios hijos. Su hijo Guillermo iba a convertirse en el próximo rey, pero murió inesperadamente durante el hundimiento del *White Ship* (un incidente infame en 1120 donde un barco que transportaba a muchos miembros de élite de la sociedad inglesa se hundió en el canal).

El hundimiento del *White Ship* dejó a Enrique I con un solo hijo vivo, su hija Matilde, que había estado casada con el emperador del Sacro Imperio Romano Germánico y más tarde se casó con el conde de Anjou. Enrique I proclamó a su hija como heredera, pero a su corte anglonormanda no le gustó. Cuando Enrique murió en 1135, la corte puso a su sobrino, Esteban de Blois, en el trono.

Así comenzó una guerra civil de casi dos décadas conocida como La Anarquía. Si bien el nombre es un poco dramático, nos da una buena idea de lo caótico que fue para Inglaterra. La guerra entre Esteban y la emperatriz Matilde resultó ser en gran medida un punto muerto, ninguna de las partes obtuvo una victoria decisiva. El país estuvo subdividido y cada parte estaba gobernada por diferentes personas poderosas, no solo Stephen y Matilda. Sus aliados, como el conde Robert, medio hermano de la emperatriz Matilda, gobernaban sus propias secciones de Inglaterra. El rey escocés, David, aprovechó la situación para tomar el control de la tierra en el norte. Todos estos gobernantes diferentes implicaban que todo, desde las monedas hasta las leyes, diferiría en todo el territorio. Y si eso no fuera lo suficientemente caótico, hubo una ruptura completa de la ley y el orden en las tierras fronterizas entre estas secciones en competencia. Inglaterra se había roto en pedazos.

Por extraño que parezca, lo que resolvió esta situación no fue una batalla, sino un acuerdo. Tras perder su heredero, Esteban acordó nombrar al hijo de la emperatriz Matilda, Enrique, como su nuevo heredero. Todas las partes quedaron satisfechas con esto, y en 1153, dieciocho años después de haber comenzado, La Anarquía terminó. Solo un año después, Esteban murió y el hijo de Matilde se convirtió en Enrique II, comenzando una nueva dinastía.

Aunque Enrique II era hijo de Matilde y, por lo tanto, bisnieto de Guillermo el Conquistador, no se lo considera miembro de la línea normanda, ya que el linaje se remontaba a través de los padres. En cambio, la dinastía de Enrique II es conocida por el apellido de su padre, Geoffrey Plantagenet.

Capítulo 7: Los Plantagenets

Los Plantagenet gobernaron Inglaterra desde 1154 hasta 1485. Mientras que las dinastías anteriores que gobernaban Inglaterra habían luchado debido a la falta de herederos legítimos, los Plantagenet no tuvieron ese problema. El primer rey Plantagenet, Enrique II, tuvo cinco hijos. La sucesión era segura, pero Enrique II eventualmente aprendería que demasiados herederos también podrían ser un problema.

Enrique II

Antes de llegar a los problemas familiares de Enrique II, tomemos un momento para comprender quién era él. Durante la Anarquía, el rey inglés no había logrado gobernar con éxito toda Inglaterra, pero cuando Enrique II tomó el trono inglés, sucedió lo contrario: el reino de Enrique II se extendió mucho más allá de Inglaterra. El padre de Enrique era el conde de Anjou, que le dio a Enrique el control de los territorios de Anjou y Maine tras la muerte de su padre. El rey de Francia le otorgó el título de duque de Normandía, y cuando se casó con Leonor de Aquitania, se convirtió en duque de Aquitania y Gascuña. Así, cuando Enrique Plantagenet se convirtió en Enrique II en 1154, tenía un gran imperio.

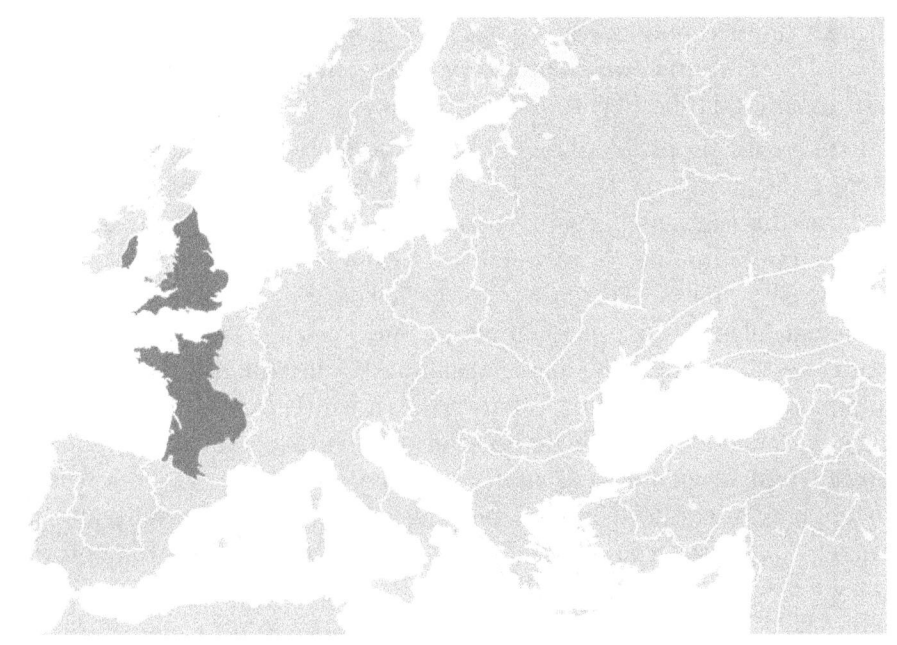

Mapa del Imperio angevino de 1190[18]

Aunque Henry Plantagenet era el rey de Inglaterra, el Imperio angevino no era necesariamente un imperio inglés. Enrique II nunca consolidó sus tierras en un solo territorio. Inglaterra permaneció separada de Anjou, Aquitania, Normandía, etc. Simplemente tenían el mismo gobernante. De hecho, en su condición de duque de Normandía, el señor supremo de Enrique Plantagenet era técnicamente el rey de Francia. El impacto de que el rey inglés tuviera tantas tierras en Francia tendría, en última instancia, bastantes repercusiones, pero lo examinaremos más de cerca en el próximo capítulo.

Enrique II tenía tanta tierra en Francia que era el mayor terrateniente de Francia (poseía más tierra que el rey de Francia), y pasaba la mayor parte de su tiempo en el continente y no en Inglaterra. Debido a esto, Enrique II trabajó para crear un sistema administrativo y burocrático más efectivo para dirigir el país en su ausencia. Por ejemplo, sus reformas legales establecieron una mejor autoridad central donde los jueces eran nombrados por el rey, y toda la justicia provenía de la ley del rey.

Estas reformas legales intentaron corregir una situación que había surgido bajo el sistema feudal iniciado por Guillermo el Conquistador. En el feudalismo, los barones eran los inquilinos del rey, pero podían ejercer poderes feudales similares sobre aquellos bajo ellos en la jerarquía social. Al igual que el rey podía exigir tarifas de matrimonio y dar tierras, los barones también podían hacer estas cosas con sus tierras. Podrían celebrar tribunales, nombrar funcionarios y, en general, tomar decisiones de trabajo para todas las tierras que controlaban.

Esto creaba un problema administrativo. Debido a que el rey estaba en la cima de la cadena feudal, rara vez tomaba decisiones prácticas que afectaran directamente a las personas. Eran los barones los que decidían si alguien era culpable o inocente, si alguien podía casarse, recaudar impuestos y hacer las otras cosas legales y gubernamentales que mantenían al país en funcionamiento. Sin embargo, los barones hacían estas cosas como mejor les parecía, causando que muchos procedimientos gubernamentales diferentes operaran al mismo tiempo. Esto creó una situación en la que, a pesar de no estar en la cima de la cadena feudal, los barones podían ejercer más poder práctico que el rey. El poder del rey era en gran medida abstracto, pero el poder de los barones era muy concreto. Al centralizar el sistema legal, Enrique II le quitó la autoridad legal a los barones y se la devolvió al rey.

Los barones no fueron los únicos que se convirtieron en objetivos de las reformas legales de Enrique II. Inevitablemente, Enrique II entró en conflicto con la iglesia. En este punto, cuando los clérigos eran acusados de un delito secular como violación, asesinato, robo, etc., eran juzgados y sentenciados en tribunales eclesiásticos, una situación que casi siempre daba lugar a sentencias leves, como ayunar o hacer penitencia. Enrique II vio esto como un error judicial y, en 1164, creó as Constituciones de Clarendon para rectificarlo. Las constituciones simplemente establecían que, si bien los clérigos debían ser juzgados en los tribunales eclesiásticos, serían condenados en los tribunales del rey. A la iglesia no le gustaba que Enrique II intentara meterse en sus asuntos. Fue un choque inevitable entre la iglesia y el estado, y condujo a uno de los eventos más infames de la historia inglesa.

Uno de los manifestantes más violentos contra las Constituciones de Clarendon de Enrique II fue el arzobispo de Canterbury, Thomas Becket. Becket había sido amigo de Enrique II antes de ser nombrado arzobispo, y es quizás por esta razón que Enrique II no tomó bien su protesta. Becket se vio obligado a exiliarse en Francia en 1165, pasando cinco años allí antes de regresar finalmente a Inglaterra en 1170. A su regreso, Becket hizo que el arzobispo de York fuera suspendido por el papa y excomulgó a otros dos obispos ingleses por su papel en la coronación del hijo de Enrique como heredero (un ritual normalmente realizado por el arzobispo de Canterbury).

Lo que sucedió después no está muy claro. La historia cuenta que cuando Enrique II recibió la noticia de los actos de Becket hacia el otro clero inglés, estalló en rabia: "¡Nadie me librará de este sacerdote problemático!". Cuatro caballeros que estaban presentes se tomaron en serio su exclamación y decidieron librar al rey de esta plaga. Cabalgando hacia Canterbury, abordaron a Becket y lo asesinaron en el altar.

Thomas Becket es asesinado por Reginald Fitzurse, Hugh de Morville, William de Tracy y Richard le Breton[14]

No sabemos si esta fue la intención de Enrique II o cuán involucrado estuvo en el asesinato. Sin embargo, una vez que se hizo el acto, rápidamente quedó claro que asesinar a un sacerdote en una iglesia no era una buena idea. Becket se convirtió en un santo y mártir, y Canterbury se convirtió en un lugar de peregrinación. Enrique II incluso tuvo que viajar allí para ofrecer penitencia por su papel en el asesinato, haya sido intencional o no.

La historia de Thomas Becket es ilustrativa no solo del conflicto entre la iglesia y el estado, sino también del carácter de Enrique II. Era un administrador extremadamente competente con una buena cabeza para el gobierno, pero no siempre manejaba a las personas de manera efectiva, y esto resultaría problemático, especialmente con su familia.

Los hijos de Enrique II

Enrique II tuvo cuatro hijos adultos: Enrique, Godofredo, Ricardo y Juan. Enrique II intentó mantener contentos a sus hijos dividiendo su reino entre todos. Pero esta estrategia solo frustró a sus hijos porque, a pesar de sus títulos, Enrique no les permitía ninguna autoridad real. Por ejemplo, hizo que su hijo mayor, Enrique el Joven, sea su corregente, pero esto era solo un título elegante.

Los hermanos también pasaron mucho tiempo discutiendo sobre quién podía hacer qué. En 1173, Enrique y Ricardo se rebelaron contra su padre por tratar de dar más tierras a Juan. Su madre Leonor apoyó la rebelión y pasó el resto de la vida de Enrique II en arresto domiciliario. Después de aplastar la rebelión que habían comenzado, Enrique II perdonó a sus hijos, pero no aprendieron la lección. En 1181, Ricardo y Enrique tuvieron conflictos sobre Aquitania. En 1183, Enrique murió, y lo siguió, tres años más tarde, Godofredo. Esto dejó solo dos hijos en pelea. Ricardo unió fuerzas con Felipe II de Francia para luchar contra su padre. Enrique II fue derrotado y murió en 1189, y muchos creyeron que la rebelión de sus hijos había acelerado su fin.

Ricardo ahora era rey de Inglaterra, pero lo más atractivo para eran todas las tierras francesas que había heredado. Ricardo gobernó durante unos diez años, pero solo pasó seis meses en Inglaterra. Prefería sus posesiones continentales o estar en una Cruzada. De hecho, Ricardo I es más conocido como Ricardo Corazón de León por su destreza cruzada y militar.

Teniendo en cuenta que pasó menos de un año en Inglaterra, la reputación de Ricardo como rey fantástico no es muy merecida. La opinión popular sobre él hoy en día ha sido sesgada en gran medida por la historia de Robin Hood, que retrata a Ricardo como un rey amado y noble. En realidad, Ricardo parece haberse

Ricardo I el Corazón de León, Rey de Inglaterra por Merry-Joseph Blondel[14]

preocupado poco por Inglaterra o su administración. Su captura durante las Cruzadas por los musulmanes y el subsiguiente rescate supusieron una gran carga financiera para su pueblo, y sus victorias militares en las Cruzadas no beneficiaron a Inglaterra. Como rey, Ricardo prefería la guerra a la redacción de leyes, y después de una década de dejar a Inglaterra a su suerte, murió durante un asedio en Francia en 1199.

Ricardo Corazón de León no tenía herederos, por lo que su hermano Juan se convirtió en rey después de su muerte. Al igual que Ricardo, la historia de Robin Hood, que retrata a Juan como un tirano despreciable, también ha influido en cómo se ve al rey Juan hoy en día. Sin embargo, en el caso de Juan, la realidad es mucho más complicada.

Mientras que su hermano era conocido como "el Corazón de León", Juan terminó con un apodo mucho menos halagador: Juan sin Tierra. El apodo provino del hecho de que Juan, como hijo menor de Enrique II, no heredaría ninguna tierra significativa. Este nombre resultó ser irónico por dos razones. Juan heredó las propiedades de su padre, pero luego las perdió. Por lo tanto, el apodo resultó ser cierto, pero de una manera inesperada.

La herencia de Juan de todas las tierras de su hermano fue un poco accidentada, ya que Felipe II, el rey de Francia, reconoció inicialmente a su sobrino, Arturo, como heredero de Anjou y Maine. Sin embargo, Juan hizo concesiones y un año después tuvo control de todas las tierras de Ricardo. El Imperio angevino estaba intacto, pero no por mucho tiempo.

Si bien a veces podemos ser demasiado duros con el rey Juan, es difícil argumentar que lo que sucedió después no fue al menos parcialmente su culpa. Juan contrajo matrimonio con su primera esposa, Isabel, la heredera de Angulema, en 1200. Este era un matrimonio políticamente inteligente. Ayudó a Juan a asegurar mejor su tierra en el sur. Pero lo que no era políticamente inteligente era no poder arreglar las cosas con Hugo X de Lusignan, el hombre con el que Isabella había estado comprometida.

Lusignan se quejó de Juan ante Felipe II, y el rey francés aprovechó su oportunidad. Cuando Juan se negó a comparecer ante Felipe II, estalló la guerra. Si bien tuvo cierto éxito inicial al comienzo de la guerra, su naturaleza sospechosa y sus malas decisiones alejaron a sus aliados y se perdieron varias batallas. Para 1206, había perdido Normandía, Anjou y Maine. La pérdida no se puede atribuir completamente a Juan. En este punto, habría sido muy difícil para Inglaterra vencer a Francia incluso con un líder más competente. Inglaterra había tenido dificultades para financiar las campañas militares de Ricardo, y los franceses tenían muchos más recursos.

Juan se vio obligado a regresar a Inglaterra, pero solo tenía un objetivo: recuperar las tierras que había perdido, lo que requería mucha financiación. Después de todo, la guerra es muy cara. Juan usó todos los trucos que se le ocurrieron para obtener más dinero de su gente, incluida la explotación de sus derechos feudales sobre sus barones. Esto, junto con los casos de justicia arbitraria en los que el rey Juan decidió casos basados en sus caprichos en lugar de la ley, sembró un creciente descontento entre los barones de Inglaterra. En 1215, estalló una guerra civil conocida como la Primera Guerra de los Barones.

Al igual que en Francia, Juan no tuvo mucho éxito militar y pronto se encontró negociando con los barones. El 19 de junio de 1215, el rey Juan firmó la Carta Magna, un documento que protegía los derechos de los barones contra el rey e insistía en que el rey tenía que defender el derecho consuetudinario. El documento a menudo se considera un hito importante en la protección de los derechos humanos.

Es posible tanto exagerar como subestimar la importancia de la Carta Magna. Proporcionaba protección contra la tiranía, pero solo para los barones, no para la gente común. Sin embargo, las ideas y el lenguaje de la Carta Magna dieron lugar a movimientos posteriores, como las revoluciones estadounidense y francesa del siglo XVIII. La Carta Magna fue un documento importante por lo que más tarde llegó a representar, pero no por el impacto que tuvo en ese momento. Fue revocada por el papa poco después de su firma, y la guerra civil continuó, poniendo fin solo cuando Juan murió y su hijo de nueve años se convirtió en Enrique III en 1216.

El ascenso del Parlamento

Enrique III gobernó de 1216 a 1272. Durante ese tiempo, él, al igual que su padre más infame, también tuvo conflictos con los barones, incitando la Segunda Guerra de los Barones de 1264 a 1267. Fue durante este conflicto que el hijo de Enrique III, Eduardo, comenzó a mostrar una destreza marcial que tendría consecuencias drásticas no solo para Inglaterra, sino para toda la isla de Gran Bretaña.

Cuando Enrique III murió en 1272, su hijo se convirtió en Eduardo I. Eduardo el Confesor desde siglos antes era conocido principalmente como el Confesor, por lo que a pesar de que Eduardo I es técnicamente el segundo rey inglés Eduardo, todavía se le conoce como Eduardo I. Eduardo I heredó un trono bastante complicado. Las arcas reales estaban casi vacías y después de dos guerras civiles, la relación entre el rey y los barones seguía siendo tensa.

Para corregir ambos problemas, Eduardo I tuvo que aprender a trabajar con una nueva institución: el Parlamento. La primera idea para el Parlamento parece haber sido la Carta Magna de 1215, que decía que los barones tenían derecho a asesorar al rey. En este punto, este grupo de asesores se conocía como el Gran Consejo, pero finalmente, se conoció como el Parlamento. En el reinado de Eduardo I, estaba claro que el Parlamento había llegado para quedarse. Si bien aún no tenía todos los poderes que tiene hoy, el Parlamento tenía un derecho muy importante: aprobar los impuestos.

Este poder le dio al Parlamento el oído del rey. Si el rey quería ingresos, necesitaba impuestos, y si quería impuestos, necesitaba la aprobación del Parlamento, y si quería su aprobación, tenía que escucharlos. Esto no significa que el Parlamento pueda intimidar al rey. El rey todavía tenía el poder supremo, pero ahora había una plataforma para debatir quejas y opiniones y un incentivo para que el rey las tomara en serio.

Eduardo I estaba muy interesado en reponer las finanzas reales, especialmente para librar sus guerras, que discutiremos con más detalle luego. Aprendió a trabajar con el Parlamento y utilizarlo como herramienta para gobernar el reino. Fue el comienzo de un tipo diferente de realeza. Con el surgimiento del Parlamento, la Inglaterra de Eduardo I estaba ganando un mayor sentido de identidad nacional. El gobierno ya no era solo el rey, sino la burocracia que lo rodeaba, en particular su consejo, que constituía el núcleo del Parlamento. Esta fue una transformación del estilo feudal de la realeza, donde todo el poder descansaba y provenía del rey.

Gales y Escocia

Con sus predecesores habiendo perdido la mayoría de sus tierras en Francia, Eduardo I se propuso expandir su reino, pero apuntó a tierras cercanas.

Eduardo I conquistó Gales con una estrategia brutalmente simple pero efectiva. Invadiendo por primera vez en 1277, Eduardo I desplegó un enorme ejército contra el que los galeses prácticamente no tenían posibilidad. Después de abrumarlos con el ataque inicial, Eduardo I construyó muchos castillos para consolidar su control, una táctica que Guillermo el Conquistador había empleado después de conquistar Inglaterra en 1066. Aunque hubo revueltas, a partir de este punto, Gales estaba bajo el control de los ingleses (aunque pasaría mucho tiempo hasta que las dos naciones se unieran oficialmente).

Eduardo I[16]

Sin embargo, Eduardo I no se detuvo en Gales. También tenía planes de conquistar Escocia, una ambición que le valió el apodo de "Hammer of the Scots" (martillo de los escoceses). Invadió a su vecino del norte en 1296, pero no tenía los fondos necesarios para repetir lo que había hecho en Gales. Por lo tanto, la conquista de Escocia fue mucho más lenta y, a pesar de la fuerte resistencia de los escoceses, parecía que finalmente Eduardo I también conquistaría Escocia. Sin embargo, Eduardo I murió en 1307 antes de terminar la campaña, dejando la conquista de Escocia a cargo de su hijo, Eduardo II.

Afortunadamente para Escocia, Eduardo II no era como su padre. Los escoceses, liderados por Robert Bruce, derrotaron a los ingleses y a Eduardo II en la batalla de Bannockburn en 1314, asegurando la independencia escocesa durante los próximos cuatrocientos años.

Eduardo II tampoco pudo mantener contentos a sus barones. Eduardo II no era muy querido, tenía una reputación de favoritismo e incompetencia. En última instancia, fue depuesto por un complot tramado por su esposa y su amante, convirtiéndose en el primer rey inglés en ser forzado a abandonar el trono mientras aún estaba vivo. Su hijo, Eduardo III, fue puesto en el trono en su lugar en 1327 a la edad de catorce años.

Estos fueron los primeros seis reyes de la dinastía Plantagenet. El reino que Eduardo III asumió en 1327 era mucho más pequeño que aquel gobernado por Enrique II, pero también era un poco más inglés. En 1327, años de barones descontentos habían obligado al rey inglés a dar más consideración a las personas que gobernaba. Sin embargo, los reyes ingleses aún no habían perdido todo interés en Francia.

Capítulo 8: La guerra de los Cien Años y la Peste Negra

El siglo XIV fue uno de los momentos más turbulentos de la historia inglesa. A pesar de varias guerras, la población general de Inglaterra había aumentado constantemente durante los siglos XII y XIII. Pero, a finales del siglo XIV, alrededor de un tercio a la mitad de la población inglesa estaba muerta.

El siglo XIV no solo vería la muerte a gran escala, sino que también habría mucha agitación política. A finales de siglo, Inglaterra había entrado en una guerra que duraría más de cien años y había presenciado su primer levantamiento popular. Era suficiente para hacer que muchas personas pensaran que el mundo se estaba acabando, y de alguna manera, tenían razón. A fines del siglo XIII, la sociedad medieval comenzó a desmoronarse y transformarse.

¿Qué ocurrió realmente? Retrocedamos un poco y comencemos con 1315, el año de la hambruna.

La gran hambruna

Como acabamos de señalar, hasta el siglo XIV la población inglesa había ido aumentando constantemente. La producción agrícola estaba mejorando, y con la capacidad de alimentar más bocas, creció también la población. Esto generó escasez de alimentos en 1315.

Períodos de fuertes lluvias y temperaturas más frías pudrieron los cultivos e hicieron imposible incluso producir heno para el ganado. Los agricultores, incapaces de obtener alimentos de sus tierras, se trasladaron a grandes centros de población con la esperanza de comprar alimentos. Pero la demanda extrema y la baja oferta hicieron que los precios se dispararan. Simplemente no había suficiente para todos. Las condiciones agrícolas no se recuperaron hasta 1322, y para entonces, alrededor del 15 por ciento de la población inglesa había muerto de hambre.

A pesar de su gran devastación, Inglaterra se recuperó de la gran hambruna con relativa rapidez. La población y la economía volvieron a la normalidad en 1330. Aun así, el evento impactó a toda Europa y dejó un recuerdo traumático a todos los sobrevivientes. La sociedad medieval había sido completamente incapaz de manejar la crisis causada por el clima y, finalmente, se hicieron cambios en la estructura del gobierno para manejar mejor tales eventos. Sin embargo, el siglo XIV todavía tenía mucho más bajo la manga.

La guerra de los Cien Años

Como discutimos en el capítulo anterior, los reyes ingleses habían tenido tierras en Francia desde la época de Enrique II. Habían perdido la mayor parte de esa tierra durante el reinado del rey Juan, pero las conexiones entre Francia e Inglaterra todavía existían. En 1337, Eduardo III decidió que era hora de impulsar esos lazos, declarando su derecho al trono francés.

Esta afirmación no era completamente loca. Eduardo III y el actual rey francés, Felipe el Hermoso, compartían un bisabuelo que había sido rey de Francia. Cuando la línea directa de la monarquía francesa fracasó, Felipe el Hermoso terminó en el trono, pero técnicamente Eduardo III tenía el mismo derecho de sangre al trono.

Sin embargo, convertirse en rey de Francia probablemente no era el plan de Eduardo III. Lo que llevó a Francia e Inglaterra a la guerra en 1337 no fue el trono francés, sino la tierra francesa, específicamente Aquitania. Francia afirmó que Aquitania era un ducado francés sujeto al rey francés. Inglaterra creía que Aquitania era parte de su territorio feudal desde la época de Enrique II. Bajo los sistemas de la época, ambas partes tenían razón, y Aquitania era una posesión lo suficientemente rica como para general un conflicto. Así comenzó la guerra de los Cien Años.

El nombre de esta guerra es un poco engañoso por dos razones. Primero, duró más de cien años, desde 1337 hasta 1453. Tampoco eran una guerra propiamente dicha, sino más bien una serie de campañas con frecuentes treguas e interrupciones temporales. Francia e Inglaterra estuvieron en guerra durante más de cien años, pero no lucharon activamente durante cien años.

Hay demasiadas batallas importantes en las que profundizar. Nombres como Crecy, Poitiers, Agincourt, Orleans y Castilla quedarían para siempre grabados en la memoria inglesa. Algunos, como Agincourt, fueron grandes victorias que se convertirían en historias míticas en la psique inglesa. Otros, como Castilla, la última gran batalla de la guerra, fueron derrotas aplastantes. A pesar de que inicialmente tuvieron mucho éxito en la guerra, ganando batallas como Crecy, los ingleses habían perdido todas las tierras en Francia al final de la guerra en 1453 (a excepción de Calais, que los franceses no recuperarían hasta 1558).

El rey Enrique V de Inglaterra en la batalla de Agincourt, Francia, el 25 de octubre de 1415. Grabado de línea, siglo XIX[17]

La guerra contra Francia fue en última instancia un esfuerzo extremadamente costoso que ofrecía muy poco a Inglaterra. Causó períodos de severos impuestos al pueblo inglés, lo que resultó en un levantamiento popular. La campaña constante también creó una nobleza con altos niveles de motivación y conocimiento militar, que resultaría desastrosa durante los conflictos internos del siglo XV, que discutiremos en el siguiente capítulo. Finalmente, cien años de guerra destruyeron por completo las relaciones entre los dos países. Inglaterra y Francia seguirían siendo feroces rivales hasta la Primera Guerra Mundial. Pero ni siquiera el estallido de este conflicto fue el evento más perturbador del siglo XIV.

La Peste Negra

En 1347, la Peste Negra afectó Europa y nada volvería a ser lo mismo. Pero antes de entrar precisamente en lo que sucedió, ¿qué es exactamente la Peste Negra? La Peste Negra se refiere al brote específico de peste que afectó a Europa de 1347 a 1351. "Peste" en este sentido no se refiere al brote de alguna enfermedad. Es un término que se refiere a una enfermedad específica causada por la bacteria *Yersinia pestis*. La peste aún existe hoy en día, pero gracias a los antibióticos, ya no es la amenaza que era en 1347.

La Peste Negra tampoco fue la primera vez que apareció en poblaciones humanas. Ya había habido brotes antes, pero nunca a tal escala. Las estimaciones indican que la enfermedad mató entre un 30 y un 50 por ciento de toda la población de Europa (la enfermedad también se extendió a Asia y África, donde causó niveles similares de devastación). Pueblos enteros fueron aniquilados.

Para ponerlo en perspectiva, la segunda pandemia más mortal de la historia fue el brote de gripe española en 1918, que mató al 3 por ciento de la población mundial. La Peste Negra mató a alrededor del 50 por ciento de las personas en África, Asia y Europa. Casi ningún otro evento en la historia se acerca a ese nivel de destrucción. ¿Cómo empezó todo y cómo llegó a ser tan grave?

La Peste Negra comenzó en Asia, y la historia cuenta que llegó a Europa a través de puertos italianos. La ciudad de Kaffa en Crimea estaba sitiada por mongoles infectados con la plaga. El ejército extendió la enfermedad a la ciudad sitiada y Kaffa quedó devastada. (Algunos argumentan que esto se hizo a propósito como un primer acto de guerra biológica). Los barcos huían de la muerte hacia puertos italianos, pero cuando los italianos se dieron cuenta de lo que traían los barcos, ya era demasiado tarde. La plaga había llegado y, desde Italia, se extendió por toda Europa, llegando rápidamente a Escocia en 1350.

Sin embargo, ¿por qué fue tan difícil detener la propagación de la peste? La peste es una enfermedad originalmente transmitida por ratas y transmitida a los humanos a través de picaduras de pulgas. En la década de 1300, la falta de higiene pública y privada significaba que había muchas ratas y pulgas. También es muy posible que la enfermedad se propague de humano a humano, lo que hace que sea aún más difícil detenerla. Agregue el hecho de que las personas en este período no tenían idea de qué era lo que estaba causando la enfermedad.

Si contraía la peste, sus probabilidades no eran alentadoras. La mayoría de las personas que contrajeron la peste murieron en una semana. No había cura y ni siquiera un tratamiento eficaz para calmar los síntomas, y los síntomas eran bastante horribles. La peste bubónica daba a sus víctimas fiebre alta, náuseas y dolores. Además de eso, causaba una hinchazón extrema de los ganglios linfáticos, dando a una persona protuberancias grandes y exudativas llamadas bubones.

La peste bubónica no era la única manifestación posible de la peste, pero era la más común. La peste pulmonar (plaga que atacaba los pulmones) y la septicémica (plaga que entraba en el torrente sanguíneo) eran las otras dos cepas. La tasa de supervivencia para ambos tipos era casi inexistente. La peste septicémica en particular era una sentencia de muerte y podía hacer que la piel de una persona se volviera negra (debido a la muerte del tejido) y que las partes del cuerpo (como los dedos de las manos y los pies) se desprendieran del cuerpo.

La peste finalmente siguió su curso, y disminuyó alrededor de 1351, pero el daño fue irrevocable. Los sobrevivientes quedaron en un mundo muy diferente. Por primera vez, la demanda de trabajadores era superior a la oferta y los trabajadores tenían poder de negociación. La peste también eliminó las estrictas diferencias entre ricos y pobres de manera brutal. La peste fue un asesino indiscriminado, y reveló que había poca diferencia entre los que estaban en la parte superior e inferior de la sociedad. Con tantas muertes, también hubo un excedente de bienes, lo que provocó que los precios se desplomaran. El nivel de vida de los sobrevivientes aumentó debido a estas cosas.

Tomaría tiempo, pero el sistema feudal comenzaría a colapsar debido a estos cambios. Este fue el comienzo del fin para la Edad Media.

La revuelta campesina

Sin embargo, el cambio rara vez es bienvenido por todos. Como puede imaginar, las élites no estaban muy contentas con muchos de los cambios provocados por la Peste Negra. No querían pagar más a sus trabajadores, por lo que se aprobó una ley para crear un tope salarial. Esto no hizo feliz a nadie, y el descontento solo crecía.

Con la Peste Negra siguiendo su curso, Inglaterra y Francia volvieron a luchar entre sí. Ricardo II se hizo cargo del conflicto de su abuelo, Eduardo III, cuando se convirtió en rey en 1377. A pesar de que Eduardo III y su hijo (el padre de Ricardo II, Eduardo el Príncipe Negro) habían tenido un buen desempeño en el conflicto con Francia, Ricardo II no tanto. La guerra iba mal, y esto creaba dos problemas. Hizo que la guerra fuera aún más cara y que la gente estuviera más descontenta.

Perder una guerra era una forma garantizada de hacer que sus súbditos se molestaran mucho con usted y esto se debía a la forma en que funcionaban los impuestos. El rey recaudaba ingresos anuales de varias maneras, pero esos ingresos no incluían dinero directamente de la gente. Un rey solo podía gravar al pueblo directamente en circunstancias extremas, que incluían la guerra. Lo que el rey tenía eran personas no acostumbradas a pagar impuestos que sabían que su dinero iba a financiar una guerra que Inglaterra estaba perdiendo. Estas personas también estaban descontentas porque sus salarios habían sido fijados. Estos fueron todos los sentimientos necesarios para generar el primer levantamiento popular de Inglaterra.

La gota que colmó el vaso de la revuelta fue el tercer impuesto de capitación emitido por Ricardo II. Ricardo II ya había utilizado este impuesto para exprimir fondos adicionales de su gente dos veces, y esto se sumó a otros cuatro años de impuestos directos. Ricardo II estaba exprimiendo hasta la última moneda de su gente, y en 1381, las tensiones explotaron.

La revuelta estalló en el sureste, dirigida por un hombre llamado Wat Tyler. Al principio, los campesinos tuvieron un gran comienzo. Marcharon hacia Londres y fueron una amenaza suficiente para asegurar una reunión con el alcalde y el rey para expresar sus demandas de reforma. Sin embargo, su error fue pensar que las élites los tratarían como iguales. Habían pasado unos treinta años desde que la Peste Negra comenzó el proceso de derribar el sistema feudal, pero no había cambiado tanto. Wat Tyler fue asesinado por el alcalde de Londres en la reunión.

La pintura representa el final de la Revuelta de los Campesinos de 1381. La imagen muestra al alcalde de Londres, Walworth, matando a Wat Tyler. Hay dos imágenes de Ricardo II. Uno observa la matanza mientras el otro habla con los campesinos[18]

Se podría pensar que estarían enojados al ver a su líder asesinado, pero eso no es lo que sucedió. De alguna manera, Ricardo II, que en todas las demás áreas había demostrado ser un rey muy incompetente y cruel, logró convencer a los rebeldes y hacer que todos se fueran a casa, prometiendo implementar alguna reforma.

Esa reforma nunca ocurrió. Una vez que los rebeldes se dispersaron y dejaron de ser una amenaza activa, fueron detenidos y castigados. El primer levantamiento popular de Inglaterra no había logrado absolutamente nada. Fue un sombrío recordatorio de que la sociedad todavía tenía una jerarquía social muy estricta. La ruptura del feudalismo no iba a dar lugar a una sociedad donde todos fueran iguales.

A pesar de no lograr nada, la Revuelta Campesina de 1381 sigue siendo un evento extremadamente importante. Mostró que las clases bajas de Inglaterra estaban empezando a tener un sentido de sus derechos y poder. Los verdaderos derechos para el pueblo aún estaban muy lejos, pero en 1381 fue la primera vez que el pueblo intentó exigirlos. Las cosas estaban cambiando.

Sin embargo, la sociedad medieval no iba a caer sin luchar. Si bien la Peste Negra fue el catalizador de gran parte del cambio social que comenzó en esta época, se necesitaría otro tipo de catástrofe para que los nobles de Inglaterra aceptaran tal cambio: las guerras de las Dos Rosas.

Capítulo 9: Las guerras de las Dos Rosas

La guerra de las Rosas es uno de los eventos más famosos de la historia inglesa, incluso sirvió de inspiración a varios escritores. La serie Juego de Tronos de George R. R. Martin se basa en este evento, y Shakespeare escribió una trilogía de obras que cubren este episodio. Sin embargo, todas estas reescrituras a veces hacen difícil distinguir los hechos de la ficción. Nuestro objetivo en este capítulo es separar la historia de la mitología y aprender lo que sucedió en este turbulento período de la historia inglesa. Al igual que muchos eventos históricos, debemos comenzar mucho antes de la fecha de la primera batalla. Todo comenzó con la muerte de un rey.

Contexto previo

Enrique V subió al trono en 1413 tras la muerte de su padre, Enrique IV. Enrique V saltó de cabeza al conflicto con Francia iniciado por Eduardo III y, a diferencia de Ricardo II, las ambiciones militares de Enrique V lo convirtieron en un rey popular. La diferencia clave era que Enrique V estaba ganando. La victoria más famosa de Enrique V fue Agincourt, pero también disfrutó de otros éxitos, ganándose la reputación de genio militar y convirtiendo a Inglaterra en una superpotencia. Enrique V incluso se declaró heredero del trono francés y se casó con la princesa francesa.

Todo parecía propicio para que Inglaterra alcanzara una altura sin precedentes, pero Enrique V contrajo tifus durante una batalla. Murió repentinamente en 1422, y esto fue muy malo para Inglaterra. Los reyes mueren todo el tiempo, por supuesto, pero lo que hizo que la muerte de Enrique V fuera tan prematura fue que su hijo y heredero, Enrique VI, aún no había cumplido un año. Para hacer las cosas aún más interesantes, Carlos VI de Francia murió solo un mes después de Enrique V. Debido a que Enrique V había sido nombrado heredero del rey francés, esto significaba que Enrique VI también era ahora rey de Francia.

¿Qué se hace cuando el rey no tiene la edad suficiente para gobernar? En resumen, alguien gobierna por él, tomando decisiones en nombre del rey. Pero entonces, ¿cómo se decide quién puede hacer eso? Esa es una pregunta difícil, por lo que Enrique V trató de resolver los asuntos en su lecho de muerte. Nombró a su tío (tío abuelo de Enrique VI), Thomas Beaufort, para cuidar de la persona real (aunque la madre de Enrique VI, Catalina, también tuvo un papel muy importante en la crianza de su hijo). Enrique V ordenó que su hermano, Juan de Bedford, fuera puesto a cargo de Francia y nombró a su otro hermano, Hunfredo, duque de Gloucester, como *tutela* mientras Enrique VI seguía siendo menor de edad. Este título podría haber significado que Gloucester era simplemente responsable de la educación de Enrique VI, o podría haberle dado a Gloucester la regencia efectiva hasta que Enrique VI cumpliera la mayoría de edad.

Sin embargo, eso no es lo que sucedió después de la muerte de Enrique V. Gloucester era relativamente querido, pero no inspiró la confianza necesaria para darle el único reinado efectivo sobre Inglaterra. En cambio, se le dio un título elegante con poderes y limitaciones estrictas. Era un poder principal en el gobierno inglés, pero no se le entregarían las riendas totales.

Entonces, ¿quién estaba a cargo? Por extraño que parezca, legal y técnicamente Enrique VI gobernaba el país. En lugar de nombrar un regente, la élite de la sociedad inglesa (los tíos, la madre y otros de Enrique VI) trabajaron juntos para dirigir el país en nombre de Enrique VI. Los documentos estaban redactados como si hubieran sido escritos por Enrique VI, y el rey fue llevado a abrir el Parlamento en 1423 cuando aún no tenía ni dos años. Por lo tanto, Inglaterra operaba bajo una ficción política en la que un consejo de personas poderosas dirigía el país mientras fingía que Enrique VI estaba tomando decisiones.

Si bien eso puede parecer increíblemente extraño, muestra que los ingleses eran muy conscientes de dos hechos. Por un lado, para que la realeza y el gobierno monárquico funcionaran, la persona del rey debía ser respetada. Todo el sistema gubernamental de Inglaterra estaba diseñado en torno a la figura central del rey, por lo que descartarlo por completo habría causado el colapso del sistema. Por otro lado, Inglaterra estaba en una posición peligrosa. Los éxitos militares de Enrique V habían puesto a Inglaterra en una posición muy poderosa, pero su muerte dejó al país en una posición vulnerable. Ser débil y estar en la cima te convierte en el objetivo principal. La ficción de que Enrique VI gobernaba en su propio nombre era, por lo tanto, un esfuerzo obvio para mantener un frente fuerte y mantener unida a la nación. El hecho de que nadie tratara inmediatamente de expulsar al infante rey muestra cuán comprometidos estaban la mayoría de los nobles ingleses con este frente.

Este fue el comienzo de una situación muy precaria. Cuando un grupo de personas comparte el poder, eventualmente alguien va a querer tener más. Si bien el gobierno conciliar era necesario en muchos sentidos, creó una situación en la que muchas personas diferentes comandaban el poder. Se necesitaría un rey fuerte para reinar en tal grupo, y eso no es lo que Enrique VI resultó ser.

El reinado de Enrique VI

Es difícil ser justo con Enrique VI. Convertirse en rey antes de cumplir un año seguramente le dio una infancia muy extraña. Había una inmensa presión para que Enrique VI tomara las riendas del gobierno lo antes posible, lo que sin duda lo llevó a situaciones para las que no estaba listo, como su coronación a la edad de siete años. También fue el primer rey inglés en ser coronado rey de Francia, y su padre, Enrique V, fue una leyenda con la que inevitablemente se compararía. En retrospectiva, la carga era tan grande que no había forma de que Enrique VI pudiera estar a la altura de las expectativas, especialmente porque no tenía ejemplo, ya que había ascendido al trono sin ver nunca el gobierno de su padre.

Miniatura iluminada de Enrique VI de Inglaterra[19]

Sin embargo, también sabemos que Enrique VI no parecía tan interesado en gobernar. En 1437, tenía la edad suficiente para gobernar por derecho propio, y pronto quedó claro que Enrique VI no era su padre. Enrique VI era un hombre piadoso y amable que prefería pasar su tiempo estudiando las Escrituras y no le gustaba la guerra y los asuntos gubernamentales. Sin embargo, esto no era lo que Inglaterra necesitaba. Desde la muerte de Enrique V, el país se había enfrentado a reveses en Francia y estaba perdiendo el control de su territorio conquistado. Juan de Bedford estaba muerto, y los ingleses necesitaban desesperadamente que su joven rey se hiciera cargo de mantener las tierras en Francia.

Sin embargo, eso parecía ser algo que Enrique VI no podía hacer. No solo mostró poco interés, sino que tomó decisiones sumamente incompetencia. Simplemente no era un gobernante efectivo, ni tenía mucho coraje, y eso dejaba espacio para que otros hombres trataran de gobernar a través de él. El duque de Somerset emergió como el vencedor en esta disputa y confusión política, logrando un lugar como primer ministro de Enrique VI y, por lo tanto, el gobernante efectivo de Inglaterra. Ricardo, duque de York, estaba bastante descontento con esto, y creía que él debía obtener este puesto. Fue el conflicto entre estos dos y sus aliados lo que eventualmente llevaría a la guerra.

Hacerse del poder

Hacia 1453, Inglaterra había perdido todas sus tierras de Francia, culminando en una derrota final en Castillon. El gran logro de Enrique V se había desmoronado, y su hijo no tomó bien la noticia. El débil rey se volvió completamente catatónico y lo seguiría siendo durante más de un año. Era un gobernante tan eficaz como lo había sido cuando había subido al trono por primera vez al ser un bebé. Una vez más, Inglaterra necesitaba encontrar alguna forma de gobierno que pudiera funcionar sin el rey.

Se convocó un concilio, y Ricardo de York no desperdició su oportunidad. Tomó el poder, arrestó a su rival Somerset y se convirtió en gobernante efectivo de Inglaterra durante la enfermedad de Enrique VI. Durante un año, York gobernó el país. Pero luego, de repente, Enrique VI mejoró. Luego de tomar rápidamente el poder, York fue sacado de su trono cuando Enrique VI puso a Somerset sobre él. A York le quedó bastante claro que nunca tendría poder mientras Somerset se interpusiera en el camino, y solo había una forma de evitarlo. York formó un ejército. Las guerras estaban a punto de comenzar.

Etapas tempranas del conflicto

Inicialmente, York no tenía la intención de derrocar al rey. Tenía la intención de eliminar a los "traidores" alrededor del rey, cuyo jefe era Somerset. Aunque las dos partes intentaron negociar, la violencia estalló en St. Albans el 22 de mayo de 1455.

Esa primera batalla fue bastante buena para los yorkistas, que invadieron a sus oponentes y capturaron al rey. Llevando al rey de regreso a Londres, York tomó el control del país. Somerset había muerto en los combates, y parecía que York había logrado un golpe de estado. Es poco probable que alguien en esta etapa pudiera haber adivinado cuánto tiempo continuaría el conflicto.

Fue la esposa de Enrique VI, Margarita de Anjou, quien resultó ser la mayor oponente de York. No estaba preparada para aceptar el gobierno de York, y tenía en su poder un aspecto muy importante del poder: el heredero. El príncipe Eduardo había nacido en 1453, y Margarita creía que podía ejercer el poder a través de él, especialmente porque su esposo Enrique VI ciertamente no parecía estar preparado para defender su trono. Cuando York perdió el apoyo del Parlamento en 1456, Margarita actuó de manera rápida para aumentar su poder, y acumuló riquezas nombrando a personas en las que confiaba para cargos gubernamentales, incluidas personas como los medio hermanos de Enrique VI, Jasper y Edmund Tudor, personajes que retomaremos más adelante.

Con York fuera y Margaret consolidando el poder, existía la posibilidad de que las cosas aún pudieran terminar en paz. Se hizo lugar para las conversaciones en 1458. Aunque estas se desarrollaron sin conflicto, simplemente había demasiada mala sangre entre las partes. Margarita y el duque de York parecían realmente odiarse, y muchas personas del lado monárquico o lancasteriano (llamado así porque Enrique VI era parte de la Casa de Lancaster) habían perdido a sus seres queridos en la batalla de St. Albans. El país estaba tenso, y a fines de 1459, la violencia comenzó de nuevo.

Una vez más, los yorkistas ganaron la batalla inicial, pero esta vez no pudieron aprovechar su victoria. Su segundo recurso a las armas había dejado claro a muchos que se oponían al gobierno real, y Margaret, al menos, no estaba preparada para negociar. Las fuerzas reales, que superaban en número a los yorkistas, se prepararon para participar en Ludlow, y los líderes yorkistas, presintiendo una derrota inevitable, huyeron para salvar sus propias vidas, dejando que su ejército se rindiera y esperara ser salvado. Cuatro años después de que York hubiera tomado el poder en St. Albans, la gente lo vio huir.

Los yorkistas no tenían la intención de permanecer en el exilio. Antes de finales del año siguiente, regresaron, vencieron a las fuerzas realistas y entraron en Londres. Esta vez, sin embargo, York ya estaba cansado de luchar para ser la mano derecha del rey. York se declaró rey.

Esto fue un shock tanto para sus aliados como para sus enemigos. Desde la muerte de Enrique V en 1422, se había hecho todo lo posible para mantener la posición y la autoridad del monarca, pero York ya estaba cansado. Con la reina Margarita en su contra y en control del heredero al trono, York no tenía ninguna posibilidad de mantener el poder mientras el futuro rey estuviera en su contra. La única forma de evitar esto era hacer lo impensable y derrocar al rey. Pero, aunque el propio rey no hizo ninguna indicación de que le importara ser derrocado, su esposa y sus aliados no estaban preparados para ceder tan fácilmente. No sería una larga lucha.

Las guerras se alargan

Esos primeros años muestran con bastante claridad lo que tomaría lugar en Inglaterra durante las próximas tres décadas. Cada lado tuvo sus victorias y derrotas, con períodos de triunfo y exilio. Como muestran esos primeros cuatro años, no fue un período de lucha continua, por lo que se la llama las guerras de las Dos Rosas en lugar de una guerra singular. Sin embargo, la violencia siempre parecía regresar, en parte porque la gran cantidad de sangre derramada dejaba poco espacio para el perdón. Nadie quería llegar a un acuerdo pacífico con las personas responsables de la muerte de su hermano o padre. Inglaterra estaba atrapada en un ciclo de violencia y odio.

Las personas que comenzaron el conflicto tampoco estaban protegidas de ese ciclo. York murió en los combates en 1460, y su hijo Edward, que ahora era el duque de York, asumió la causa de su padre con bastante éxito. Eduardo derrotó a las fuerzas de Lancaster y fue coronado Eduardo IV en 1461.

Sin embargo, eso estaba lejos de ser el final del conflicto. Eduardo IV debía su corona a su tío, Richard Neville, conde de Warwick, que había sido el firme partidario de York y el poderío militar detrás de la victoria yorkista. Warwick esperaba poder gobernar efectivamente a través de su sobrino, pero Eduardo IV quería hacerlo solo. Comenzó a hacer movimientos políticos contra Warwick, quien después de verse obligado a abandonar el país, se asoció con viejos enemigos, los lancasterianos, que habían estado esperando su momento en Francia.

Eduardo IV estaba ahora en verdaderos problemas, y las Guerras de las Rosas, que habían estado "apagadas" durante unos nueve años, estaban de regreso. Eduardo IV huyó del país para reagruparse, y Enrique VI, que había estado confinado en la Torre de Londres desde 1465, fue devuelto al trono. Esta etapa de las guerras llegó a un punto crítico en la batalla de Tewkesbury, donde Eduardo IV derrotó a fondo a sus oponentes, matando a casi todos los líderes de Lancaster. Incluso asesinó a Enrique VI porque, a pesar de su incompetencia como líder, su mera existencia era demasiado peligrosa para el rey yorkista.

Para muchos, el largo conflicto parecía haber terminado en 1471. Eduardo IV tuvo dos hijos, asegurando su línea, antes de su muerte en 1483. Tras años de paz y la mayoría de los lancasterianos muertos, el conflicto debería haber terminado. Pero el enfrentamiento entre la Casa de York y Lancaster tuvo un acto final, y resultaría ser algo que nadie esperaba.

Ricardo III y Enrique Tudor

Cuando Eduardo IV murió en 1483, el trono pasó a su hijo mayor Eduardo V, excepto que Eduardo V nunca tuvo la oportunidad de reclamarlo. Su tío, Ricardo, duque de York, hizo que el joven rey y su hermano fueran enviados a la Torre de Londres. Fueron declarados ilegítimos y Eduardo V fue depuesto. Su tío se convirtió en Ricardo III, y nunca más se supo nada de los niños.

Por supuesto, la suposición es que Ricardo III asesinó a sus sobrinos, y es una suposición plausible. Aunque más tarde se enfrentaría a duras críticas por estos supuestos asesinatos, Ricardo III nunca pudo volver a contar con sus sobrinos después de que desaparecieran en la Torre de Londres. Si hubieran

Retrato de Ricardo III de Inglaterra, pintado por Barthel II (fecha aproximada por los anillos de los árboles en el panel). El texto de la letra negra en el marco dice: "Richard(us) Rex terti(us)"[20]

estado vivos, podría haberse ahorrado mucho dolor; si hubieran escapado, esperaríamos que aparecieran en público para impugnar los reclamos de su tío al trono. Los cuerpos de dos niños pequeños se encontraron cientos de años después bajo algunos escalones en la torre, y muchos creen que estos eran los jóvenes príncipes, aunque no hay pruebas de que sea así.

Aunque Ricardo III subió al trono en circunstancias sospechosas, su reinado parecía bastante seguro. Gracias a las guerras de las Dos Rosas, simplemente no quedaba nadie que se le opusiera. Al menos casi nadie.

Quedaba aún un reclamante lancasteriano al trono inglés: Enrique Tudor. Henry Tudor tenía poco derecho a la fama. Su padre, Edmund Tudor, había sido medio hermano de Enrique VI (el padre de Edmund, Owen Tudor, un galés, se había casado con la viuda de Enrique V). La madre de Enrique Tudor, Margarita Beaufort, era bisnieta de Juan de Gante, duque de Lancaster, uno de los hijos del rey Eduardo III. Por lo tanto, tenía derecho al trono por sangre, pero era bastante dudoso. Por no decir más. En 1485, Enrique Tudor desembarcó en Inglaterra con un ejército preparado para respaldar su reclamo al trono, y Ricardo III se preparó para reunirse con él.

Los dos rivales se enfrentaron en Bosworth Field. Ricardo III tenía una experiencia militar superior y parecía confiar en una victoria sobre el joven aspirante a rey. Sin embargo, la batalla fue decidida por los hombres, no por sus líderes, y en esto Henry Tudor demostró ser superior. Sus fuerzas ganaron y Ricardo III murió en combate. Así murió el último aspirante al trono yorkista.

Con su victoria, Enrique Tudor se convirtió en Enrique VII, comenzando no solo una nueva dinastía, sino una nueva era en la historia inglesa. Para consolidar su gobierno, se casó con la hija de Eduardo IV, Isabel de York, uniendo finalmente las dos casas en guerra. Las guerras de las Dos Rosas finalmente habían terminado, pero habría dejado consecuencias duraderas. La nobleza inglesa había sido aniquilada en gran medida en las décadas de luchas internas, y con ellos se fue lo último de la vieja estructura feudal. La Edad Media estaba terminando, y el periodo moderno temprano había comenzado.

Capítulo 10: Los Tudor y la reforma inglesa

La batalla de Bosworth comenzó una nueva etapa en la historia de Inglaterra. Los Plantagenet, que habían gobernado Inglaterra durante 331 años, estaban todos muertos. Toda la tierra en Francia se había perdido oficialmente (a excepción de Calais). El viejo sistema feudal se estaba derrumbando. Henry Tudor se estaba apoderando de un país que había sido un desastre durante las últimas tres décadas. ¿Sería capaz de devolver a Inglaterra su antigua gloria?

Enrique VII

Enrique VII tiene el desafortunado legado de haber sido un gobernante muy eficaz y capaz que, sin embargo, no era muy querido. Su decisión de casarse con Isabel de York para juntar las casas de York y Lancaster muestra parte de su perspicacia política, pero sus habilidades eran mucho mayores que eso. Enrique VII era un gobernante muy práctico, administraba su reino él mismo y hacía de todo, desde crear políticas hasta administrar fondos. Realmente hizo un buen trabajo. Desde el momento en que Enrique VII subió al trono en 1485 hasta su muerte en 1509, logró corregir bastantes problemas que los reyes ingleses anteriores habían enfrentado.

Probablemente debido a las guerras de las Dos Rosas, Enrique VII evitó cuidadosamente darles mucho poder a los nobles. Repartió tierras y títulos con moderación, y mientras escuchaba consejos, no dependía solo de unos pocos hombres poderosos. Esta negativa a promover a los favoritos no le valió a Enrique VII muchos amigos, pero impidió la creación de nobles superpoderosos y competitivos que podrían comenzar otro conflicto como las guerras de las Dos Rosas.

Sin embargo, esto no significaba que Enrique VII no tuviera levantamientos o rebeliones de las que preocuparse. La posición de Enrique VII, especialmente al comienzo de su reinado, era precaria. Un rey que gana su reino a través de la conquista puede ser derrocado fácilmente por los mismos medios, y hubo varios intentos. En dos ocasiones, Enrique VII se encontraría lidiando con impostores que decían ser Eduardo V o su hermano Ricardo (los príncipes que probablemente habían sido asesinados en la Torre de Londres). También hubo otras rebeliones yorkistas, pero Enrique VII logró sofocarlas a todas. No era la presa fácil que había sido Enrique VI. Enrique VII pretendía restablecer la fuerza de la Corona.

Otra forma en que Enrique VII fortaleció la autoridad real fue poniendo en orden las finanzas reales. A diferencia de muchos reyes antes y después de él, Enrique VII vivió estrictamente dentro de sus posibilidades, confiando en el dinero generado por sus tierras para dirigir el gobierno y su hogar. Si bien teóricamente así era como se suponía que funcionaría la realeza, la guerra constante de los últimos 200 años había causado que muchos reyes ingleses necesitaran muchos más ingresos de los que producían, lo que los llevó a gravar enormemente a su gente. Al no ir a la guerra, Enrique VII ahorró una buena cantidad de dinero. También encontró formas de adquirir más tierras, lo que aumentó sus ingresos personales. El resultado fue una tesorería completa.

Si bien las políticas de Enrique VII fueron sin duda eficientes, como ya hemos mencionado, no lo hicieron muy querido. Cambiar los ingresos reales requería ser extremadamente estricto con la recaudación de tarifas y despojar a algunas personas de sus tierras. Las constantes rebeliones también hicieron de Enrique VII un hombre extremadamente sospechoso y estricto. Podríamos decir que esto es lo que se requería de cualquiera que esperara ser un rey exitoso, pero la naturaleza exigente y desconfiada de Enrique VII no era fácil de tolerar. Por lo tanto, aunque era extremadamente capaz, Inglaterra no se afligió mucho cuando murió en 1509. La nación y los nobles esperaban el reinado de su hijo más genial, Enrique VIII.

Enrique VIII

Enrique VIII era el segundo hijo de Enrique VII y, por lo tanto, no esperaba ser rey hasta que su hermano mayor, Arturo, murió inesperadamente en 1502. Para asegurar una alianza con España, Enrique VIII se casó con la prometida de su hermano mayor, Catalina de Aragón, un incidente que se volvería extremadamente importante más adelante en su reinado.

Retrato de Enrique VIII (después de 1537). Óleo sobre lienzo. Walker Art Gallery, Liverpool por Hans Holbein el Joven[11]

Antes de hablar de las numerosas esposas por las que Enrique VIII es famoso, tomemos un momento para comprender un poco más cómo era Enrique VIII como rey. Mientras que su padre había sido frío y calculador y estaba profundamente involucrado en el gobierno, Enrique VIII tuvo un rol muy diferente como rey. En lugar de dirigir las cosas él mismo, Enrique VIII confió más en los grandes hombres que nombró para dirigir el país. Sin embargo, eso no significaba que Enrique VIII fuera un rey débil. Podía ser increíblemente tempestuoso, y sus consejeros, aunque tenían un poder considerable, solo actuaban con el consentimiento del rey. A menudo eran removidos casi tan rápido como habían llegado al poder.

Una cosa que tanto el padre como el hijo tenían en común era el aprecio por el esplendor de la realeza. Tanto Enrique VII como Enrique VIII sabían que mostrarse como rey era una parte importante de la autoridad real. Invirtieron en la pompa y las circunstancias de la monarquía, y esa inversión les dio a los Tudor un aire de legitimidad que ayudó a consolidar su gobierno.

Sin embargo, estos rasgos no son por lo que se recuerda a Enrique VIII. Enrique VIII será siempre recordado como el rey con seis esposas. Los problemas matrimoniales de Enrique VIII cambiarían Inglaterra para siempre.

Las esposas de Enrique VIII y la Reforma

Mientras que a su muerte Enrique VIII había estado casado con seis esposas, fue la segunda la que causó el revuelo y cambió toda Inglaterra. Enrique VIII había estado casado con Catalina de Aragón durante dos décadas cuando comenzaron los problemas, y ese problema se llamó Ana Bolena.

Esta no era la primera vez que Enrique VIII buscaba una mujer que no fuera su esposa. Sus relaciones extramatrimoniales estaban bien establecidas, pero dos cosas hacían que esta vez fuera muy diferente. Primero, Ana Bolena no se convertiría en la amante del rey. Quería ser reina y no iba a tener relaciones sexuales con Enrique VIII a menos que eso sucediera. En segundo lugar, Catalina de Aragón estaba ahora en sus cuarenta años, fuera de la edad fértil, y no tenía ningún hijo. La única hija de Enrique VIII y Catalina de Aragón fue una hija llamada María. A pesar de que estaba legalmente permitido, ninguna mujer había heredado con éxito el trono inglés. La última vez que alguien lo había intentado, el resultado había sido una guerra civil de quince años (La Anarquía). Estos dos factores combinados hicieron que Enrique decidiera deshacerse de Catalina y casarse con Ana.

Pero en el año 1500 eso no era una cuestión simple. El divorcio no estaba permitido. Enrique VIII necesitaba que su matrimonio fuera anulado (para ser declarado nulo y sin efecto, como si nunca hubiera sucedido), y la única persona que podía hacer eso era el papa. Excepto que el papa no quería ayudar a Enrique VIII. Era solo Roma o las fuerzas del emperador del Sacro Imperio Romano Germánico, que casualmente era sobrino de Catalina de Aragón, y no le gustaba la idea de ver a su tía dejada a un lado. Catalina tampoco estaba preparada para simplemente hacerse a un lado. Se produjo un estancamiento que duró años, y todo el asunto se conoció como el "Gran Asunto del Rey".

Si hubiera sido antes en la historia, lo que sucedió después no habría sido posible, pero sucedió que esto ocurrió a fines de la década de 1520 y principios de la década de 1530. Había pasado aproximadamente una década desde que Lutero había clavado sus noventa y cinco tesis en la iglesia de Wittenberg, lo que provocó la ola religiosa conocida como la Reforma. Por primera vez en la cristiandad, si a Enrique VIII no le gustaba lo que el papa tenía que decir, tenía otras opciones.

Así fue como, en 1533, el arzobispo de Canterbury, el más alto funcionario de la iglesia en Inglaterra, anuló el matrimonio entre Catalina y Enrique. Luego declaró que los votos secretos que Ana y Enrique habían intercambiado un año antes eran válidos y que la pareja estaba casada. Todo esto se hizo sin la aprobación del papa, enviando una clara señal de que el rey inglés le había dado la espalda a la Iglesia católica romana, específicamente al papa. Un año después, en 1534, esto se confirmó cuando el Parlamento inglés aprobó el Acta de Supremacía, que convertía al rey en "el Jefe Supremo de la Iglesia de Inglaterra". Inglaterra había roto tratos oficialmente con Roma.

¿Inglaterra protestante?

Dado que Inglaterra ya no era católica romana, podríamos pensar que eso hizo que Inglaterra fuera protestante. Si bien esto podría ser técnicamente cierto, la Inglaterra protestante de Enrique VIII estaba muy lejos de lo que estaba sucediendo en Alemania y otros focos de la Reforma.

Enrique VIII había decidido que ya no quería escuchar al papa, pero todavía tenía opiniones religiosas en gran parte católicas. Aunque hubo ministros en su gobierno que presionaron por mayores cambios religiosos, Enrique VIII mantuvo la mayoría de las cosas iguales. Los obispos y arzobispos permanecieron, pero ahora respondían ante el rey en lugar del papa. Las creencias doctrinales católicas también permanecieron intactas. Para la persona promedio, la práctica religiosa en Inglaterra no difería mucho de lo que había sido antes de 1534.

Sin embargo, Enrique VIII hizo dos cambios importantes. Enrique VIII permitió que la Biblia estuviera disponible en inglés y disolvió sistemáticamente todo el sistema monástico en Inglaterra. Fue esta segunda acción la que causó un poco de alboroto.

En el momento de la ruptura con Roma, Inglaterra tenía alrededor de ochocientos monasterios. Había que hacer algo con todas esas instituciones católicas. La respuesta inmediata fue intentar integrarlos en la nueva Iglesia de Inglaterra, pero Enrique VIII pronto vio un uso más rentable para los monasterios. El acto de supremacía había convertido al rey en el Jefe Supremo de la Iglesia de Inglaterra, por lo que técnicamente todos los monasterios pertenecían a Enrique VIII ahora. Teniendo en cuenta que los monasterios poseían una cuarta parte de toda la tierra usada en Inglaterra, esa no era una ganancia pequeña, y Enrique VIII decidió aprovecharla.

En 1536, se aprobó el primer Acta de Supresión, que disolvió los monasterios con un ingreso inferior a cierta cantidad específica. Disolver un monasterio significaba que sus tierras y posesiones eran tomadas por la Corona. En su mayor parte, la élite de la sociedad inglesa no se preocupó mucho con esta medida drástica. Después de todo, podían ganar algo a favor, ya que gran parte de la tierra de los monasterios se redistribuiría entre ellos. La gente común, sin embargo, tuvo un gran problema con esta decisión. Los monasterios eran lugares de educación y socorro para los enfermos y los pobres. A menudo desempeñaban un papel clave en sus comunidades, por lo que esta decisión de la Reforma Inglesa de Enrique VIII fue la primera en perturbar la vida local. Un levantamiento llamado la Peregrinación de Gracia estalló en el norte como consecuencia.

A Enrique VIII no le divertía ni simpatizaba. La Peregrinación de Gracia fue aplastada rápida y completamente, y la disolución de los monasterios continuó. En 1541, todos los monasterios de Inglaterra se habían disuelto. Aunque no llegó a ninguna parte, la Peregrinación de Gracia muestra que el pueblo inglés reaccionó negativamente al repentino cambio religioso impuesto por su rey. Los cambios en las creencias religiosas llevan mucho tiempo. Pasarían muchas décadas hasta que Inglaterra fuera finalmente protestante.

Las otras esposas

Si bien ninguno de sus otros matrimonios tendría el impacto del segundo matrimonio de Enrique VIII, vale la pena mencionar lo que sucedió entre Enrique y Ana Bolena y con el resto de sus esposas para comprender mejor a Enrique y sus hijos, quienes gobernarían Inglaterra.

A pesar de un embarazo exitoso (que podría ser algo raro en esos días) al principio de su matrimonio, Ana no dio a luz al hijo y heredero tan deseado, sino que solo dio a luz a una hija llamada Isabel. Tres años después de su matrimonio con el rey, fue acusada de infidelidad y el matrimonio fue anulado. Dos días después, Ana fue decapitada, dejando al rey casado con su nueva enamorada, Jane Seymour. Aunque no lo sabemos con certeza, es probable que Ana fuera inocente, y los cargos en su contra fueron fabricados para deshacerse de ella y dejar al rey libre para casarse con Jane. Aún no está claro si el plan fue idea de Enrique VIII o si realmente creía que Ana había sido infiel gracias a los chismes de los miembros de su corte.

Fue Jane quien finalmente dio al hijo tan anhelado. En 1537 dio a luz a Edward, pero el parto en este momento era peligroso. Murió doce días después por algunas complicaciones.

Sorprendentemente, Enrique VIII permaneció soltero durante tres años después de la muerte de Jane. Su condición de soltero representaba una gran herramienta política y diplomática, y su siguiente esposa fue elegida con mucho cuidado. Una princesa alemana, Ana de Cléveris, era la opción ideal porque era la hermana del duque de Cléveris, que era católico, pero también antipapal (contra el papa). Era una alianza inteligente para una Inglaterra que intentaba permanecer algo neutral en la gran tensión religiosa de la época.

El matrimonio se arregló diplomáticamente, y Ana de Cléveris zarpó para casarse con Enrique VIII, quien la encontró repulsiva. Siguió adelante con el matrimonio, pero cuando quedó claro que no estaba enamorado de ella, hizo que se anulara el matrimonio por motivos de no consumación. Aunque Enrique la consideraba fea, le dio a Ana de Cléveris tierras y dinero como acuerdo, y ella escapó ilesa del matrimonio, lo cual es algo sorprendentemente bueno teniendo en cuenta el destino de sus exesposas.

La siguiente mujer en tener la mano de Enrique VIII fue la católica Catalina Howard, una noble inglesa. Su tiempo como reina de 1540 a 1542 vio un breve resurgimiento del poder católico en la corte inglesa, pero Enrique VIII pronto comenzó a sospechar después de tener que sofocar varios complots católicos en el norte. Catalina Howard fue declarada culpable de adulterio y, al igual que Ana Bolena, fue decapitada.

En 1543, Enrique VIII se casó con su última esposa, Catalina Parr, una viuda con simpatías protestantes. Sobrevivió a su marido y fue una buena esposa, una buena reina e incluso una buena madrastra de los tres hijos de Enrique VIII: María, Eduardo e Isabel. Si bien Catalina Parr podría no haber tenido una historia tan emocionante como las otras esposas de Enrique VIII, fue la única que mantuvo intacto su matrimonio con el rey.

En el momento de su muerte, Enrique VIII había logrado algo bastante único. Había tenido el doble de esposas que hijos (sin contar los hijos ilegítimos), y sus tres hijos eventualmente reinarían sobre Inglaterra. Los hijos de Enrique VIII resultaron ser los últimos de la dinastía Tudor. Tras romper con Roma, Inglaterra estaba en un viaje de transformación religiosa, y los reinados de cada uno de los hijos de Enrique VIII serían moldeados profundamente por sus intentos de dirigir ese cambio religioso.

Capítulo 11: Isabel I

Cuando Enrique VIII murió en 1547, su hijo, Eduardo, le sucedió a pesar de ser el más joven de los niños. Eduardo VI tenía solo nueve años cuando se convirtió en rey, pero su salud era pobre y su reinado terminó con su muerte prematura en 1553.

Sin otro heredero masculino obvio, la hija mayor de Enrique VIII, María, logró algo que ninguna mujer antes que ella había hecho: se convirtió en reina de Inglaterra. María fue la primera reina en gobernar Inglaterra por derecho propio. Era reina porque gobernaba Inglaterra, no porque estuviera casada con un rey. Si bien eso ya es una hazaña impresionante, no podemos decir que el reinado de María fuera un éxito. Cuando murió en 1558, María se había ganado el apodo inmortal de "Bloody Mary" (María la sangrienta). La historia no la recordaría con cariño.

El hijo del medio de Enrique VIII, que fue el último en llegar al trono, gobernó por más tiempo. Isabel sucedió a su hermana en 1558 y gobernó hasta su muerte en 1603. Como el reinado de Isabel fue de siete a ocho veces más largo que el de sus hermanos, dedicaremos la mayor parte de este capítulo a Inglaterra bajo Isabel I. Pero antes de sumergirnos en lo que muchos consideran una edad de oro para Inglaterra, veamos más de cerca los reinados de Eduardo VI y María.

Asentamiento religioso y los hijos de Enrique VIII

Tanto el legado de Eduardo VI como el de María giraban en gran medida en torno a cómo manejaban la religión de Inglaterra. Aunque Eduardo VI era joven, tenía convicciones protestantes mucho más profundas que su padre, Enrique VIII. Bajo Eduardo VI, Inglaterra comenzó a dar pasos mucho más grandes hacia el protestantismo. Con cambios como el libro de oraciones utilizado en el servicio de adoración, Inglaterra experimentó un cambio religioso que la gente común podía sentir a diario, y esto causó cierta reacción, como la Rebelión del Libro de Oración en 1549.

A pesar de la resistencia de algunas personas comunes, el protestantismo avanzó con resistencia bajo Eduardo VI, gracias en gran parte a sus ministros. Hombres como John Dudley, conde de Northumberland, cumplieron los deseos del joven rey con lo que muchos llamarían severidad. Parecía una buena política. Eduardo VI era joven, por lo que un hombre que pudiera complacerlo podía esperar una larga y poderosa carrera política. Solo que, cuando el joven rey murió en 1553, la suerte de los individuos y del país cambió radicalmente.

Eduardo VI no tenía herederos varones, lo que significaba que la persona que seguía en la línea de sucesión al trono era su hermana mayor, María, pero los ministros de Eduardo VI intentaron evitar que María tomara el trono. María era firmemente católica, lo que no se veía bien para las personas que acababan de ayudar a Eduardo VI a empujar a Inglaterra hacia el protestantismo. Intentaron instalar a Lady Jane Grey en el trono. Sin embargo, María actuó rápidamente para obtener apoyo, y pronto quedó claro que el país la prefería a ella antes que a Jane. María se convirtió en reina.

María pudo haber asegurado su trono cuidadosamente, pero el resto de su reinado no siguió ese prometedor comienzo. Estaba decidida a ver a su país regresar a lo que consideraba la verdadera fe, el catolicismo romano, y para lograrlo, cometió algunos errores al tratar con su gente. María, ignorando las advertencias de sus consejeros, se casó con Felipe de España, un monarca católico romano que insistía en ser un comonarca en lugar de un consorte. A los ingleses no les gustaba que los gobernara un extranjero católico, y el matrimonio provocó una breve rebelión. María, aún decidida a devolver a su pueblo al catolicismo, se hizo odiar mucho más al quemar a muchos protestantes en la hoguera como herejes. Fue esta acción la que la inmortalizó como Bloody Mary.

Reina María Tudor de Antonis Mor[22]

Sin embargo, en última instancia, quemar personas en la hoguera era una práctica bastante normal en este momento de agitación religiosa. Isabel I incluso sería culpable de lo mismo (católicos, en su caso), entonces, ¿por qué María tiene una reputación tan mala? La historia la escriben los vencedores, y si aún no lo sabía, María no logró restaurar Inglaterra al catolicismo. Murió en 1558, y su hermana protestante Isabel tomó el trono, sellando el futuro religioso de Inglaterra. La nación ahora protestante no recordaría con cariño a la reina que intentó devolverlos al catolicismo, y la imagen de María no mejoró tras la publicación del libro de John Foxe, el *Libro de los Mártires*, que detallaba las muertes de protestantes bajo el reinado de María y la convertía para siempre en una villana.

Por lo tanto, cuando Isabel I tomó el trono, estaba tratando con un país que había experimentado bastante latigazo religioso en las últimas décadas, y su solución al problema reflejaba su perspicacia política. El asentamiento religioso de Isabel I fue decididamente moderado. Mientras regresaba a Inglaterra al protestantismo, también se resistió firmemente a los esfuerzos de los protestantes más radicales, a saber, los puritanos, para inculcar cambios religiosos más grandes. Para los puritanos, la Iglesia de Inglaterra se parecía demasiado a la Iglesia católica, pero eso no molestó a Isabel I. Su iglesia llegó a un término medio que, aunque ciertamente no hacía felices a todos, parecía complacer a suficientes personas para evitar que estallara cualquier conflicto violento, que era lo que sucedía en el resto de Europa en los siglos XVI y XVII.

Isabel I: El retrato del pelícano de Nicholas Hilliard[88]

Inglaterra y España

Sin embargo, los problemas religiosos no fueron lo único con lo que Isabel I tuvo que lidiar en sus cuarenta y cuatro años de reinado. Esta fue la época tanto del Renacimiento como de la Era de la Exploración. Escritores como Shakespeare estaban escribiendo obras que se convertirían en algunas de las obras más conocidas de la literatura inglesa, y exploradores como Francis Drake navegaban por aguas desconocidas. Inglaterra compitió con otros países para ocupar su lugar en un mundo.

Uno de los mayores triunfos de Inglaterra en esa contienda fue, sin duda, la derrota de la Armada Española en 1588. Aunque su hermana se había casado con Felipe II de España, Isabel no tenía una buena relación con el monarca español. Además de las tensiones causadas por sus diferentes religiones (España era católica romana), los corsarios ingleses (piratas) a menudo atacaban a los barcos españoles para robar oro. Si bien la reina no apoyaba oficialmente tales acciones ilegales, en privado las alentaba. Las tensiones eran altas, y cuando Inglaterra se puso del lado de los protestantes de Países Bajos en su rebelión contra Felipe II, que había heredado la corona, España lo consideró un acto de guerra e hizo planes para destruir a Inglaterra.

En ese momento, España era sin duda una nación más poderosa que Inglaterra. Había sido uno de los primeros en aprovechar el descubrimiento del Nuevo Mundo y se había enriquecido con los recursos que allí encontraron. España tenía los recursos para aplastar a Inglaterra, y Felipe II parecía decidido a hacerlo, pasando los años de 1585 a 1588 preparando una flota de invasión que consistía en 130 barcos y 30.000 soldados. Había pocas dudas de que, si la fuerza española lograba tocar tierra, el ejército de Inglaterra, que estaba mal entrenado, caería en segundos. Sin embargo, como revela cualquier mapa básico, Inglaterra es una isla, por lo que, si los españoles querían conquistarla, primero tenían que cruzar las aguas.

La Royal Navy era la única oportunidad de Inglaterra, y a pesar de que eran superados en número por los barcos españoles, la armada de Inglaterra era mayor. Los barcos ingleses eran más pequeños y más maniobrables. Cuando la Royal Navy prendió fuego con éxito a la flota española mientras estaba atracada en Calais, logró dispersar la fuerza más grande y utilizar barcos más maniobrables para atracar objetivos. El mal tiempo hizo que el viaje a casa empeorara aún más para la flota española. Todo fue un desastre para los españoles.

Derrota de la Armada Española por Philip James de Loutherbourg[24]

La derrota de la Armada fue casi igual de buena para los ingleses. Habían derrotado al equivalente del siglo XVI de una superpotencia mundial. Inglaterra ahora confiaba en que podría mantenerse firme en el juego de construcción de imperios que se estaba desarrollando en Europa occidental. El dominio de los mares que Inglaterra estableció al derrotar a la Armada Española también demostró ser un factor vital en el dominio y la colonización de Inglaterra durante los próximos siglos.

Inglaterra bajo Isabel I era, por lo tanto, un reino que crecía en fuerza. Después de la agitación de las guerras de las Dos Rosas y el gran cambio religioso causado por los monarcas anteriores, la Inglaterra isabelina comenzó a establecer un lugar más firme tanto en Europa como en el mundo. Podemos suponer solo de esto que Isabel I debe haber sido al menos una gobernante competente, ya que pocos países gobernados por un monarca absoluto pueden prosperar con un gobernante mediocre. Pero ¿cómo era realmente Isabel como reina?

Isabel I y María Reina de Escocia

Quizás uno de los mejores incidentes que resalta cómo era Isabel I como reina fue cómo trató a María, reina de Escocia. María Reina de

Escocia (llamada así parcialmente para distinguirla de las numerosas otras Marías reales de la época) era prima de Isabel I y, mientras Isabel I permaneciera sin hijos, la siguiente en la línea de sucesión al trono de Inglaterra.

Los monarcas tienden a tener relaciones interesantes con la gente en línea de sucesión, y María, reina de Escocia, hizo las cosas más interesantes para Isabel I. La reina escocesa era católica criada en Francia y gobernaba una nación muy protestante. Su pobre elección de esposos (el primero de los cuales fue asesinado en un esquema que se cree que María estaba involucrada) hizo que sus súbditos desconfiaran de ella, lo que la obligó a abdicar y huir de Escocia en favor de su hijo, Jacobo VI, en 1567.

María huyó a Inglaterra, donde su prima, Isabel I, no estaba precisamente feliz de verla. Debido a que era católica y la siguiente en la línea de sucesión al trono de Inglaterra, María era un faro natural para los católicos descontentos bajo el gobierno de Isabel. Isabel I era muy consciente de qué tipo de complots y conspiraciones podrían producirse al tener a su rival tan cerca.

Incluso con estas tensiones, María, reina de Escocia, vivió en Inglaterra bajo la atenta mirada de Isabel I durante dieciocho años antes de que las cosas implosionaran. En 1586, se descubrió un complot para asesinar a Isabel I y reemplazarla por María. Isabel I había tenido suficiente, pero no quería ser conocida por el asesinato de su prima. Incluso con pruebas innegables de que María había estado involucrada en el complot (se encontró una carta con evidencias), Isabel I tenía sus dudas. Firmó una orden de ejecución, pero no dio órdenes de que se entregara y se llevara a cabo. Su secretario de Estado, William Davison, la entregó de todos modos, y María fue decapitada.

Isabel I estaba furiosa, y alegó que eso no era lo que ella quería, y encerró a Davison en la Torre de Londres. Sin embargo, más tarde fue liberado en silencio e incluso se le dieron tierras y una pensión, lo que sugiere que la vacilación de Isabel I en matar a su prima fue fingida para redirigir la culpa lejos de sí misma. Si es así, fue el movimiento de un monarca políticamente inteligente que entendió la importancia de la reputación. Isabel I elegía bien las formas en que se presentaba, una habilidad que a menudo dejaba a sus asesores y rivales pensando y esto le permitía mantener un firme control de su gobierno.

La reina virgen

Un último aspecto a tener en cuenta sobre Isabel I es que su enfoque del matrimonio era el opuesto al de Enrique VIII. Permaneció soltera durante su largo reinado. Fue un movimiento inusual para un monarca, pero que parece coincidir con la personalidad y el estilo de gobierno de Isabel I.

Como reina, casarse habría significado compartir parte de su poder real y, como se ve en su conflicto con María, reina de Escocia, eso no era algo que Isabel I quisiera hacer. Su virginidad también se convirtió en parte de la reputación que Isabel I elaboró cuidadosamente y utilizó para inspirar devoción. Al igual que su abuelo y su padre, Isabel I manipuló la imagen real para consolidar su poder y autoridad.

Su soltería también resultó ser una constante moneda de cambio política. Isabel I podría haber tenido la intención desde el principio de no casarse nunca, pero no se mostraba completamente en contra de la idea. Las élites inglesas y los notables extranjeros trataron de ganar la mano de la reina, e Isabel I aprovechaba esos intentos para sus propios fines. Por ejemplo, sus negociaciones con Francois, duque de Alencon y Anjou y católico, pueden haber retrasado la guerra con España, dando a la Royal Navy más tiempo para prepararse para el conflicto. Aun así, cuanto mayor era la reina, más preocupados estaban sus asesores, no por su falta de marido, sino por la falta de un heredero.

Aunque había una orden de sucesión basada en la sangre, era tradicional que los monarcas nombraran oficialmente a un heredero para legitimar el reclamo de esa persona. A pesar de todas sus buenas cualidades, esta era un área en la que Isabel I no mostraba interés. Se negó a nombrar un heredero sin importar cuánto suplicara su consejo. Su renuencia puede deberse a no querer repetir sus enredos con María, reina de Escocia, pero también creó una situación tensa para su reino. Los monarcas cambiantes dejan a una nación vulnerable a amenazas externas y luchas internas. No tener a alguien en fila para tomar el trono solo intensifica en gran medida estos problemas. Al no nombrar a un heredero, Isabel I estaba asegurando su poder, pero también estaba dejando a su país abierto a la posibilidad de muchos conflictos cuando muriera. Como ella no era inmortal, ese día finalmente llegó. Isabel I murió en 1603. ¿Quién gobernaría Inglaterra ahora?

Capítulo 12: Los Estuardo

La siguiente persona en la línea de sucesión al trono por sangre era el hijo de María reina de Escocia, Jacobo VI de Escocia (también conocido como Jacobo Estuardo). Cuando se hizo evidente que la muerte de Isabel I se acercaba, su consejo decidió respaldar el reclamo de Jacobo al trono.

La transferencia de los Tudor a los Estuardo podría haber salido extremadamente mal. Jacobo era el rey de Escocia, con la que Inglaterra tenía una tensa historia, e Isabel I había ejecutado a su madre. No estaba muy claro si Inglaterra lo aceptaría como su nuevo rey, pero de alguna manera, la sucesión se desarrolló sin problemas. En 1603, tras la muerte de Isabel I, Jacobo VI de Escocia se convirtió en Jacobo I de Inglaterra.

Esto no significaba que los países ahora estuvieran unidos. Escocia e Inglaterra todavía eran dos reinos separados con diferentes parlamentos y gobiernos. Casualmente ahora compartían un rey. Era un arreglo extraño, y Jacobo trató de combinar sus reinos para facilitar el gobierno, pero ninguna de las partes estaba interesada. Pasaría otro siglo antes de que Escocia e Inglaterra se unificaran.

La monarquía en la era moderna temprana

Para entender todo lo que se desarrolló durante el reinado de los Estuardo, debemos detenernos un momento y considerar el concepto de monarquía en este período. Mucho había cambiado desde la Edad Media. La Inglaterra moderna tenía una comprensión muy diferente de quién era el monarca y de dónde provenía su autoridad.

El Renacimiento trajo una renovación del interés en las ideas clásicas, incluida la filosofía. Parte de ese renacimiento fue un interés en la idea neoplatónica de la Gran cadena del Ser. Hay mucho que se podría decir sobre esta filosofía, pero lo que necesita saber es, según esta filosofía, el universo consistía en una jerarquía natural. Esto significaba que las jerarquías sociales formaban parte del orden mismo del universo. Esta idea se extendió a la monarquía y se convirtió en una creencia en el derecho divino de los reyes, lo que sugería que los monarcas eran divinamente designados por Dios y, por lo tanto, solo respondían ante él. Esta comprensión de la monarquía representaba así la soberanía absoluta. Los monarcas estaban en la cima de la Gran Cadena y solo respondían ante Dios por sus acciones.

Esta era una idea que muchos monarcas de Europa aceptaron durante este tiempo, pero en Inglaterra, los monarcas eran responsables de alguna manera ante otro organismo gubernamental: el Parlamento. En la era de los Estuardo, se había vuelto increíblemente difícil dirigir el país sin la aprobación del Parlamento porque el Parlamento controlaba las finanzas. Los Tudor habían logrado esto trabajando con el Parlamento, utilizando el tacto y las maniobras políticas para conseguir lo que querían. Los Estuardo, especialmente Jacobo I y su hijo Carlos I, tratarían de intimidar al grupo para que se sometiera, causando una tensión que finalmente estalló en una guerra civil.

Tomarían varias décadas y muchos conflictos para llegar a eso.

Conspiración de la pólvora

Dos años después de que Jacobo I tomara el trono, Inglaterra experimentó una conspiración que todos conocen. La Conspiración de la pólvora fue una conspiración de un grupo de católicos romanos para volar el Parlamento usando barriles de pólvora. El plan era matar no solo al rey, sino también a otros líderes ingleses en el Parlamento ese día, lo que con suerte causaría suficiente confusión para que los católicos tomaran el gobierno.

La trama estaba programada para el 5 de noviembre de 1605, pero los conspiradores fueron descubiertos, y uno de ellos, Guy Fawkes, fue arrestado mientras custodiaba los barriles de pólvora. Posteriormente fue torturado para obtener información sobre sus compañeros conspiradores y luego fue ejecutado. Aunque no era el líder de la conspiración, Guy Fawkes se hizo tan infame que los ingleses todavía queman efigies suyas el 5 de noviembre de cada año.

A pesar de fracasar, la conspiración de la pólvora quedó grabada la cultura y la conciencia de Inglaterra. El miedo al papado (catolicismo) se volvió desenfrenado. Los católicos fueron discriminados durante generaciones. Todo lo que la conspiración de la pólvora había logrado era volver al país aún más en contra del catolicismo y aún más protestante.

James I

Jacobo I había sido rey de Escocia desde que tenía un año, y ascendió al trono de Inglaterra a la edad de treinta y seis. Por lo tanto, tenía algo que casi ningún monarca tiene cuando toman el trono: experiencia. Desafortunadamente, esa experiencia no hizo de Jacobo I un buen rey de Inglaterra.

Jacobo I tuvo varios problemas como gobernante, y algunos de ellos fueron solo parcialmente su culpa. Gobernó durante una época de rápida inflación y, a diferencia de Isabel I, su familia real incluía a su esposa e hijos, cada uno de los cuales requería su propia corte. Aun así, sus hábitos de gasto solo empeoraron las cosas, y regularmente gastaba más de lo que los activos reales aportaban. Esto contribuyó a una de sus otras debilidades como gobernante: su incapacidad para lidiar con el Parlamento inglés.

Si bien Escocia tenía un Parlamento, era un cuerpo relativamente débil que no dejaba a Jacobo I bien equipado para lidiar con el Parlamento inglés, que era más testarudo y poderoso. Como un firme creyente en el derecho divino de los reyes, Jacobo I no tenía idea de cómo manejar este grupo de personas que se creían en derecho de decirle qué hacer. Incluso si los Tudor también hubieran creído en su derecho divino a gobernar (y probablemente lo hacían), tenían mucho más tacto que Jacobo en la forma en que se dirigían al Parlamento. La solución de Jacobo era evitar tratar con ellos (pasar hasta diez años sin una reunión completa) y encontrar otras formas de recaudar dinero. Tratar de gobernar sin el Parlamento era una práctica que su hijo copiaría con consecuencias desastrosas.

Sin embargo, Jacobo I tuvo varios choques con el Parlamento. Los miembros de su corte se enfurecían con los favoritismos. Su actitud y tratamiento de varios jóvenes en la corte provocaba controversia, y todavía se debate si estas relaciones eran de índole sexual. Sin embargo, incluso si las relaciones eran sexuales, esta no era la razón por la que muchos desaprobaban a los compañeros de Jacobo I. El rey tendía a darles a estos hombres dinero y poder incluso cuando mostraban una completa incompetencia.

Por ejemplo, a uno de los favoritos de Jacobo, George Villiers, el duque de Buckingham, se le permitió negociar un matrimonio entre la princesa española y el hijo de Jacobo I, Carlos. La mayoría de los ingleses no solo se opusieron a esto porque odiaban a España y no querían una princesa española que eventualmente se convertiría en reina, sino que la estrategia de negociación de Villiers también implicaba escabullirse a España con el príncipe Carlos e intentar infiltrarse en el palacio para ver a la princesa. Si bien puede haber parecido romántico, el viaje no logró nada, y el matrimonio no se concretó, para gran alivio de los ingleses.

Por lo tanto, el reinado de Jacobo I difícilmente podría llamarse un gran éxito. Había logrado aumentar en gran medida el gasto real y la tensión con el Parlamento. Sin embargo, llegó al final de su reinado sin que esa tensión explotara, muriendo en 1625. Su hijo no tendría tanta suerte.

Un mal comienzo

Carlos I de Anthony Van Dyck[35]

Cuando Carlos I tomó el trono, tuvo un problema similar al de su padre: el duque de Buckingham. En su escapada a España, Villiers había logrado ganar influencia sobre Carlos, y pronto se vieron las consecuencias. Como no había podido concertar un matrimonio con España, Villiers estaba ahora convencido de que Inglaterra necesitaba ir a la guerra con la nación católica, un sentimiento que ya existía en el Parlamento. Justo antes de que Jacobo I muriera, el Parlamento votó a favor de dar fondos a la Corona para llevar a cabo la guerra. Cuando el rey murió poco después, Carlos I se quedó para dirigir la guerra con Buckingham a su lado, por supuesto.

La guerra fue un completo desastre. Los impuestos se dispararon y ejercieron una gran presión sobre el pueblo inglés. La ley marcial se implementó en algunos lugares, y la gente tenía que alimentar y alojar a los soldados. Incluso con estas medidas extremas, no tuvieron éxitos militares.

Alguien tenía que asumir la culpa de todo. El Parlamento intentó impugnar a Buckingham, pero Carlos I, en lugar de dejar que su favorito sufriera la caída, como siempre habían hecho los reyes, intentó asumir la culpa él mismo. Si bien eso puede parecer noble, fue una decisión desafortunada. El gobierno y el país descansaban sobre los hombros del rey. Al admitir esos errores, estaba desestabilizando sus valores y fundamentos y abriendo la puerta a la idea de que se podía culpar y responsabilizar al rey por cualquier cosa. Si eso no era lo suficientemente drástico, Carlos I disolvió el Parlamento para evitar que impugnara a Buckingham.

Sin embargo, esto no podía durar. El Parlamento tuvo que ser llamado de nuevo cuando Buckingham logró iniciar otra guerra con Francia (mientras la guerra con España todavía estaba en curso). Esta vez, el Parlamento no votaría para darle al rey más dinero para financiar sus guerras hasta que aceptara la Petición de Derecho, que garantizaba ciertas protecciones, como no poder implementar la ley marcial sobre los civiles. El hecho de que el Parlamento exigiera al rey que firmara dicho documento muestra cuánta confianza se había perdido entre el monarca y su pueblo. A Carlos I se le pidió que firmara este documento porque (a los ojos de muchos) había abusado de su autoridad. Esto sucedió en 1627, solo dos años después de que se convirtiera en rey. No era un buen comienzo.

En última instancia, no fue el Parlamento, sino un asesino solitario el que libró al país de Buckingham. Un oficial descontento lo apuñaló. Desafortunadamente, el gobierno de Carlos I no mejoró con la muerte de Buckingham.

Aumento de tensiones

En 1629, Carlos I y el Parlamento se encontraban una vez más en desacuerdo. El 2 de marzo, en una escena bastante dramática, el orador fue retenido por la fuerza en su silla por algunos miembros del Parlamento para que la Cámara pudiera aprobar tres resoluciones antes de que el rey disolviera el Parlamento. (Las sesiones del Parlamento terminan cuando el orador se levanta de su silla). Estas resoluciones eran que cualquiera que pagara impuestos (derechos de importación pagados al monarca), aconsejara sobre su recaudación o impulsara cambios religiosos era un enemigo de Inglaterra.

¿Por qué esas tres cosas eran tan importantes? ¿Por qué los miembros de la Cámara habrían presionado al orador para aprobar estas resoluciones? Estas tres cosas fueron un ataque directo a Carlos I. Fue él quien había comenzado las imposiciones para generar dinero para sus guerras. Para ser justos, Carlos I no inventó las imposiciones. Otros monarcas, incluida la muy querida Isabel I, los habían implementado. Pero Carlos I los planteó al punto de que los comerciantes sintieran que la demanda financiera era injusta, y el Parlamento se puso del lado de los comerciantes. Carlos I también se había casado con una esposa católica (aunque por buenas razones políticas) y estaba tomando medidas enérgicas contra los puritanos (una secta protestante con voz en el Parlamento), a quienes consideraba revolucionarios y peligrosos. Por lo tanto, al aprobar estas resoluciones, el Parlamento estaba diciendo abiertamente que el rey había hecho las cosas mal. Este fue un paso más allá incluso de la Petición de Derecho porque el Parlamento no había obligado a Carlos I a aceptar las resoluciones. El Parlamento, a través de su propio poder, había condenado al rey.

No hace falta decir que Carlos I no estaba contento con este giro de acontecimientos, y su oposición a la condena del Parlamento mostró una terquedad que finalmente se convertiría en su error fatal. Carlos I no convocó a ninguna otra reunión del Parlamento por once años. No sabemos si tenía la intención de hacer esto desde el principio en 1629 o si fue gradual, pero Carlos I gobernó Inglaterra de 1629 a 1640 sin Parlamento, un período que se conoció como la Reinado Personal.

Antes de hablar de las reacciones a esto, ¿cómo fue posible que Carlos I gobernara sin el Parlamento? El Parlamento aprobó nuevos impuestos, y es extremadamente difícil dirigir un gobierno sin impuestos. Si Carlos I quería salirse con la suya sin llamar al Parlamento, tenía que encontrar una manera de financiar su gobierno sin ellos. Frente a sus tensas finanzas, Carlos I hizo algunos cambios serios. Terminó las guerras con Francia y España y dejó que su tesorero reformara su corte y su gobierno para reducir costos. Ambos métodos demostraron ser bastante efectivos para reducir el gasto público. Sin embargo, reducir los costos por sí solo nunca sería suficiente para resolver los problemas financieros de Carlos I. Todavía necesitaba dinero, pero sin el Parlamento, ¿dónde iba a conseguirlo?

Lo primero que hizo Carlos I para recaudar dinero fue ignorar por completo las resoluciones del Parlamento de 1629. Se volvieron a plantear las imposiciones que el Parlamento había condenado previamente. Ese ingreso no era suficiente. Pronto siguieron otras medidas. Vendió oficinas gubernamentales y monopolios. Hizo que sus funcionarios buscaran en los libros de leyes cualquier tarifa o multa que pudiera usar para obtener dinero de sus súbditos sin nuevos impuestos. Se reincorporaron las tarifas por cosas como la caza en bosques reales y el cercamiento de tierras. Los antiguos impuestos, como el impuesto sobre el dinero de los barcos en algunas ciudades costeras, se extendieron a todo el reino.

Como puede imaginar, estos métodos no hicieron que Carlos I fuera muy popular, pero resultaron ser bastante efectivos. Carlos I tenía suficiente dinero para dirigir el país sin el Parlamento, pero esto no podía durar. Las huelgas fiscales pronto comenzaron, y la nobleza local de la que Carlos I tuvo que depender para recaudar estos impuestos a menudo participaba en las huelgas. Inglaterra simplemente no tenía una burocracia gubernamental que pudiera operar sin el consentimiento de los niveles superiores de la sociedad. Los barones y los condes dirigían efectivamente el gobierno en sus áreas locales, por lo que, sin su ayuda, Carlos I no podría hacer que su gente pagara. Por lo tanto, en 1640, su gobierno apenas estaba a flote.

Punto de inflexión

A pesar de los problemas que Carlos I tuvo con el Parlamento inglés, no fue Inglaterra la que hizo que finalmente cayera el Reinado Personal. Al igual que su padre antes que él, Carlos I era rey de Inglaterra y Escocia.

Gobernar dos reinos distintos como un solo monarca era indudablemente complicado, pero al tratar de hacer que sus reinos fueran más similares, Carlos I subestimó enormemente la devoción religiosa de los escoceses. En 1637, cuando Carlos I intentó imponer el Libro Anglicano de Oración Común a los escoceses presbiterianos, el país del norte se unió contra él. Para 1638, los escoceses habían firmado el Pacto Nacional declarando su oposición a las políticas religiosas del rey y afirmando que solo el Parlamento escocés y la Asamblea General Presbiteriana podían crear políticas religiosas para Escocia. Le pidieron al rey que se mantuviera al margen de sus asuntos.

Carlos I no podía ignorar tal acto de rebelión, no si quisiera mantener su autoridad. Formó un ejército para combatir a los escoceses rebeldes en la Primera Guerra de los Obispos. Sin embargo, sin dinero del Parlamento, su ejército estaba mal financiado. Peor aún, los ingleses no parecían preocuparse por ayudar a Carlos I a reprimir su reino del norte. No solo odiaban el Reinado Personal, sino que muchos ingleses (especialmente puritanos) simpatizaban con los escoceses y su resistencia a las políticas religiosas de Carlos I. Carlos I no podía confiar en un ejército tan reacio. En cambio, hizo una tregua con los escoceses para ganar tiempo hasta que pudiera recaudar dinero para financiar un ejército mejor.

Después de once años, el rey finalmente volvió a llamar al Parlamento, pero fue de corta duración. El Parlamento no tenía intención de dar dinero al rey para un ejército hasta que escuchara sus demandas, y él, sin tener intención de escuchar sus demandas, disolvió el Parlamento rápidamente, sin haber logrado nada.

La guerra con los escoceses estalló de nuevo (la Segunda Guerra de los Obispos), y las fuerzas de Carlos I fueron derrotadas y dispersadas, lo que permitió a los escoceses ocupar el norte. Una vez más, Carlos I se vio obligado a firmar un tratado, pero era solo una tregua temporal. Tuvo que pagar a los escoceses una gran suma cada día para mantener la paz (dinero que no tenía). A menos que Carlos I encontrara dinero para pagar a los escoceses y reunir otro ejército para lidiar con ellos, los escoceses simplemente podían marchar a Londres cuando quisieran. Le guste o no, Carlos I tuvo que hablar con el Parlamento.

Capítulo 13: Las guerras civiles y el protectorado

Las cosas solo iban de mal en peor en el reinado de Carlos I, pero aún no se había alcanzado el punto de ebullición. Con los escoceses golpeando su puerta, Carlos I volvió a llamar al Parlamento a fines de 1640. Esta vez, el Parlamento no sería despedido ni ignorado tan fácilmente.

Un país dividido

En 1640, la popularidad de Carlos I alcanzó su punto más bajo. Casi todo el Parlamento estaba en contra del rey, y ahora que Carlos I había llamado al Parlamento, gracias a la amenaza inminente de los escoceses, el cuerpo rápidamente comenzó a aprobar leyes para mostrar su disgusto. Las leyes aprobadas decían que el Parlamento no podía disolverse sin su consentimiento, que el rey debía llamar al Parlamento al menos cada tres años y que los impuestos no aprobados por el Parlamento eran ilegales. Ninguna de estas cosas podría convertirse en ley sin la firma de Carlos I, pero, desesperado por dinero, aceptó todo.

¿Por qué un rey tan terco aceptaría firmar actos que tenían la intención de despojarlo del poder? Es bastante sencillo. El rey nunca tuvo la intención de dejar que el Parlamento se saliera con la suya. Todo lo que Carlos I necesitaba era el dinero para lidiar con los escoceses rebeldes, y luego podría deshacer todo lo que el Parlamento había hecho para limitar su soberanía. En su mente, Carlos I estaba completamente justificado en tal plan. Debido a que creía en la Gran Cadena del Ser (discutida en el capítulo anterior) y en el derecho divino de los monarcas a gobernar, consideraba que los intentos del Parlamento de restringirlo estaban en contra del orden natural. Revocar todo lo que habían hecho simplemente arreglaría todo.

Por desgracia para Carlos I, los miembros del Parlamento conocían a su rey. No confiaban en que Carlos I cumpliera sus promesas, por lo que continuaron posponiendo la entrega del dinero para su ejército. Tenían miedo de que después de que Carlos I tratara con los escoceses, volviera ese ejército contra el Parlamento. Irónicamente, este retraso benefició a Carlos I. A medida que avanzaba el Parlamento, los líderes parlamentarios comenzaron a aprobar actos cada vez más radicales para controlar el poder real. Todavía había muchos en el Parlamento con tendencias moderadas y conservadoras, y empezaron a alejarse de la dirección en la que se dirigía el grupo. Cuando, en 1641, los líderes del lado radical intentaron aprobar la Gran Protesta, una larga lista de quejas contra el rey, el Parlamento se dividió casi en cincuenta-cincuenta. Ahora estaba claro que, dos años después de ser condenado casi universalmente, el rey todavía tenía muchos partidarios.

En esta atmósfera dividida, la gota que colmó el vaso no vino de Escocia, sino de Irlanda, que había estado bajo control inglés desde el siglo XII. La rebelión estalló en Irlanda, y la devoción nativa al catolicismo rápidamente condujo a la violencia hacia los colonos protestantes. Irlanda estaba en un alboroto, y los ingleses necesitaban un ejército para detenerlo.

Pero el Parlamento aún no estaba preparado para entregar el control de un ejército al rey y, en cambio, trató de nombrar a su propio general. Carlos I estaba furioso e intentó arrestar a cinco miembros clave del Parlamento, pero la Cámara de los Comunes no los abandonó y humillaron al rey. Se habían trazado líneas y no había vuelta atrás.

Poco después de este incidente, el rey dejó el Parlamento y Londres para ir a York. Ahora existían dos centros de gobierno inglés, e inevitablemente debían chocar. Tanto el Parlamento como Carlos I levantaron fuerzas y se armaron, no para lidiar con la rebelión irlandesa, sino en preparación para un conflicto entre ellos. Cuando Carlos I elevó su estandarte el 22 de agosto de 1642, comenzó oficialmente el conflicto.

La Guerra Civil

La guerra civil inglesa, como se conocía el enfrentamiento, comenzó muy bien para los realistas (partidarios del rey Carlos I, también conocidos como Cavaliers). El Parlamento, aunque estaba acostumbrado a financiar guerras, simplemente no tenía experiencia militar. No era rival para las fuerzas del rey, que tenían la mayor parte del talento militar del país de su lado.

Sin embargo, los parlamentarios (también llamados "Roundheads": cabezas redondas) tenían ventajas. Habían tomado el control de Londres antes de que comenzara oficialmente la guerra, y con eso, controlaban el sureste de Inglaterra, que era la parte más rica del país y la más cercana a Europa. La marina también se había puesto del lado de los parlamentarios, dándoles el control de los puertos. Por lo tanto, los Roundheads tenían recursos superiores y la capacidad de aislar a los realistas de la ayuda externa. Si los realistas querían ganar, necesitaban hacerlo rápidamente.

Las primeras batallas parecían prometedoras para los realistas. Sin embargo, no pudieron abrumar por completo a sus oponentes, y esto resultó desastroso. Los realistas no lograron tomar Londres, que era su mejor opción para poner fin rápidamente a la guerra. A medida que la guerra se prolongaba, los parlamentarios iban obteniendo la experiencia militar que les había faltado al principio, y un hombre en particular comenzó a destacarse.

Oliver Cromwell se convirtió en una figura notable en la guerra civil inglesa en 1644 en la batalla de Marston Moor, donde dirigió una carga de caballería que dispersó el flanco realista. Sin embargo, el liderazgo parlamentario no logró perseguir al ejército real, por lo que esta victoria no era nada definitivo. Las dos partes habían tenido éxito, pero ninguna parecía capaz de impulsar su ventaja.

Después de unos tres años de batallas indecisas, el Parlamento decidió hacer algunos cambios importantes en su estructura militar y creó el Nuevo Ejército Modelo, una fuerza más centralizada con promoción por mérito y no por sangre, como era anteriormente. La mayor parte del comando parlamentario fue reemplazado, pero no el exitoso Oliver Cromwell, quien se convirtió en el General de Caballería en el Nuevo Ejército Modelo.

El Nuevo Ejército Modelo no tardó en demostrar su eficacia. El 14 de junio de 1645, derrotó a las fuerzas realistas en la batalla de Naseby en la victoria decisiva que el Parlamento había estado buscando. Una gran parte de las fuerzas realistas se rindieron, y la guerra terminó unos meses más tarde. La lucha había terminado, pero la paz resultaría difícil de reestablecer.

Cromwell en la batalla de Naseby por Charles Landseer[36]

Negociaciones con el rey

¿Qué pasa después de vencer a un rey? El Parlamento había ganado en el campo de batalla, pero Carlos I seguía siendo rey. La guerra no había sido para derrocar al rey, sino para obligarlo a regresar a la mesa de negociaciones. Carlos I había perdido y ahora se vería obligado a hacer algunas concesiones y aceptar las demandas del lado ganador. Eso era lo que todos esperaban que sucediera, es decir, todos, excepto Carlos I.

Puede que Carlos I haya perdido la batalla de los ejércitos, pero todavía se consideraba vencedor moral. No creía que el Parlamento tuviera derecho a restringirlo y se negó rotundamente a negociar con ellos. El rey no solo no llegaría a un acuerdo con el Parlamento, sino que intentó negociar con otros grupos que tenían interés en el conflicto, como los escoceses e irlandeses, con la esperanza de eventualmente reclutar otro ejército y revertir su difícil situación. Un acuerdo entre Carlos I y los pactantes escoceses provocó una breve renovación de la violencia en 1647 (dos años después de que la batalla de Naseby hubiera puesto fin a la guerra). Las negociaciones con el rey no iban a ninguna parte, pero muchos miembros del Parlamento todavía esperaban llegar a un acuerdo.

Finalmente, fue el Nuevo Ejército Modelo el que decidió poner fin a las cosas. Tomó el control del Parlamento y no permitió que los miembros que habían votado continuaran las negociaciones con Carlos I. En estas circunstancias, muchos miembros simplemente optaron por quedarse en casa. Por lo tanto, de los aproximadamente 200 miembros del cuerpo, solo unos setenta (conocidos como el Parlamento Remanente) decidieron enjuiciar al rey por traición.

En cierto modo, esto era ridículo. La traición en una monarquía es traicionar al monarca. ¿Cómo podría Carlos I ser culpable de traicionarse a sí mismo? Legalmente, el Parlamento Remanente nunca iba a ganar un juicio basado en este tipo de razonamiento, por lo que argumentó que Carlos I era culpable de traición contra el pueblo inglés.

Carlos I no creía que este fuera un argumento razonable. Ni siquiera creía que pudiera ser juzgado por un delito porque él era quien hacía las leyes, y (como jefe del gobierno) todos los tribunales eran técnicamente sus tribunales. En su mente, todo el juicio era ilegal e inválido, por lo que se negó a defenderse durante el mismo. No es una decisión inteligente cuando se le está juzgando por un crimen capital. El 27 de enero de 1649, el rey fue declarado culpable y condenado a decapitación. El 30 de enero, fue ejecutado.

Inglaterra había hecho lo impensable. En un mundo donde la monarquía era la única forma importante de gobierno en Europa y el derecho del rey a gobernar era visto como una prerrogativa divina, Inglaterra había rechazado a su rey. ¿Qué iban a hacer los ingleses ahora?

Una mancomunidad

Matar al rey era un paso radical que iba más allá de simplemente deshacerse de Carlos I. Intentar ejecutar al rey por traición era un golpe a la estructura. Por lo tanto, no debería sorprender que para el 19 de mayo, el Parlamento haya abolido tanto la monarquía como la Cámara de los Lores y haya convertido a Inglaterra en una mancomunidad (una república).

Si bien esto puede parecer una progresión natural para nosotros hoy en día, el hecho de que pasaron cuatro meses entre la muerte del rey y el establecimiento de la Mancomunidad (Commonwealth) muestra que esto no era natural en ese momento. Esto fue más de 100 años antes de la Revolución estadounidense, y había dudas sobre intentar un cambio de gobierno tan radical. ¿Podría una mancomunidad traer estabilidad?

La preocupación por la estabilidad era mucho más que oponentes políticos que intentaban ignorar el nuevo estilo de gobierno de la república. Habían pasado siete años desde que comenzó la guerra civil, y el país había vivido bastante caos durante este tiempo. El caos de la guerra civil solo empeoró cuando terminó la guerra, y muchas personas comunes que habían ayudado al Parlamento a lograr la victoria comenzaron a cuestionarse sobre su lugar en la jerarquía social. Si el rey podía ser derrocado, ¿por qué no destruir toda la estructura?

Este sentimiento llevó a la formación de muchos grupos con ideologías radicales (tanto políticas como religiosas), como los Niveladores (que querían reformas radicales del gobierno, como el sufragio universal para los hombres), los Bautistas (que creían en el bautismo de adultos, una idea radical en ese momento), los Cavadores (que no creían en la propiedad privada), los Ranters (que creían que todos podían decidir el bien y el mal por sí mismos) y los Cuáqueros (que creían que cada persona tenía una luz interior, el Espíritu Santo, que debía ser obedecido por encima de todo). Desde una perspectiva del siglo XXI, algunos de estos grupos parecen más radicales que otros. En cualquier caso, imagine el caos de tantas ideologías diferentes surgiendo a la vez y tratando de ejercer sus sistemas en todo un país devastado por la guerra. Si bien podríamos abrazar este nivel de diversidad hoy en día, en el siglo XVII, esto era la definición de anarquía.

Entonces, ¿qué iba a hacer al respecto el Parlamento, que todavía consistía solo en las personas que habían ejecutado al rey? ¿Cómo devolvería el Parlamento la estabilidad a la nación? En última instancia, el Parlamento Remanente trató de llegar a un punto medio entre el cambio radical y el statu quo que no dejaba a nadie contento, y la falta de partidarios pronto llevó a la caída de la Mancomunidad. Esta caída afectó al ejército. El Nuevo Ejército Modelo había ganado el poder del Parlamento, pero el Parlamento estaba ansioso por disolverlo. Deshacerse del ejército habría reducido los impuestos, que es una buena manera de ganar el apoyo popular. Por desgracia, el ejército no pudo ser disuelto porque el Parlamento todavía debía a los hombres su sueldo, y la única forma de recaudar el dinero para pagar al ejército habría sido aumentar los impuestos. Era una paradoja que la Mancomunidad no podía resolver.

La Mancomunidad trató de prolongar el trato con el ejército enviándolo a pacificar Escocia e Irlanda, que habían elegido apoyar la reclamación del hijo de Carlos I, Carlos II. Aquí el Nuevo Ejército Modelo tuvo mucho éxito, lo que ayudó a la Nuevo Ejército Modelo a ganar algo de prestigio, pero el Parlamento no supo aprovechar la situación. Todo terminó cuando trató de reducir la paga del ejército. El 20 de abril de 1653, Oliver Cromwell entró en la Cámara de los Comunes con soldados y disolvió el Parlamento. La Mancomunidad había prometido mucho, pero había hecho poco. Era hora de probar otra cosa.

El Protectorado

Hubo otro breve intento de que otro Parlamento dirigiera el país, pero esto también resultó ineficaz. En diciembre de 1653, se creó un nuevo gobierno con Cromwell, que era el hombre más poderoso del país, como ejecutivo. Evitando el título de rey, fue nombrado Lord Protector, pero en poder y práctica, estaba dirigiendo el país como lo haría un monarca.

El gobierno de Cromwell era, en cierto modo, una gran mejora con respecto a las otras opciones del siglo pasado. Fue eficiente y llevó a cabo reformas. A pesar de que Cromwell era un puritano, su gobierno era en gran medida tolerante a otras religiones, y casi no interfería en las nuevas sectas religiosas. Sin embargo, el Protectorado estaba lejos de ser perfecto. Ese gobierno efectivo y grande requirió fondos sustanciales, por lo que las tasas impositivas se mantuvieron altas. Además, durante el Protectorado, muchos puritanos ocuparon puestos de poder y trataron de hacer cumplir la reforma moral a través de medios legales, combatiendo todo, desde el juego hasta la bebida. Naturalmente, esto no fue bien recibido por el común de la gente y condujo a un largo e impreciso disgusto inglés hacia los puritanos.

A pesar de sus defectos, Cromwell demostró que era un líder capaz. Gobernó Inglaterra sin oposición y logró traer estabilidad después de muchos años de lucha y caos político. Sin embargo, si bien el fuerte liderazgo de Cromwell convirtió al Protectorado en un gobierno viable, tenía un defecto evidente. ¿Cómo sobreviviría este nuevo gobierno sin él?

Capítulo 14: La Restauración y la unión con Escocia

Cuando Cromwell murió repentinamente de una enfermedad en 1658, su hijo Richard Cromwell se convirtió en Lord Protector en su lugar. Esta sucesión dejó muy claro que el Protectorado funcionaba como una monarquía. Pero de ser así, ¿por qué sostener el Protectorado?

La Restauración y el reinado de Carlos II

El Protectorado no duró mucho sin Oliver Cromwell. Desde el momento de la muerte de Cromwell hasta principios de 1660, regresó el caos y varios gobiernos fallidos. Inglaterra, particularmente la élite gobernante, anhelaba el fin de los gobiernos en constante cambio, y parecía que solo había una forma de hacerlo. Después de once años sin un rey, Inglaterra pedía uno con urgencia.

El rey en cuestión era el hijo de Carlos I, Carlos II, que vivía exiliado en el continente. Sin embargo, llamarlo para que volviera a tomar el trono no era una cuestión sencilla. Inglaterra, en particular el Parlamento, había ejecutado a su padre. ¿Cómo se sentiría Carlos II al regresar? ¿Buscaría vengarse de los hombres y las familias de aquellos que habían matado a su padre? Las personas poderosas en Inglaterra no tenían interés en invitar a un rey que inmediatamente trataría de cortarles la cabeza.

La situación era tensa, pero gracias al consejo de un hombre llamado Edward Hyde, Carlos II logró crear una restauración suave con un solo golpe maestro: la Declaración de Breda. Este fue un anuncio público de

Carlos II que declaró una amnistía general, cierta libertad de religión, el reconocimiento de los asentamientos de tierras que se habían producido durante el Protectorado y el pago de los atrasos al ejército. Más básicamente, Carlos II prometió no cortar las cabezas de nadie involucrado en la muerte de su padre y no recuperar ninguna tierra que la gente hubiera ganado. También estaba ofreciendo hacer lo que todo el gobierno anterior no había hecho y pagarle al ejército. La Declaración de Breda ofreció al nervioso Parlamento una clara rama de olivo, y el Parlamento decidió tomarla. Carlos II entró en Londres el 29 de mayo de 1660. Inglaterra tenía un nuevo rey.

Pero ¿qué es lo que había cambiado? Inglaterra estaba tan ansiosa por restaurar el orden que aceptó a Carlos II de vuelta sin hacer ninguna provisión para evitar lo que había sucedido con Carlos I. Después de luchar en una guerra civil y funcionar sin un rey durante once años, Inglaterra parecía no tener nada que demostrar.

Si bien los cambios podrían no haber sido inmediatamente obvios, la agitación de las últimas décadas había traído muchos cambios. El gobierno inglés necesitaba tanto al Parlamento como al rey, ya que los intentos de gobernar sin ambos habían resultado en tiranía y caos. Aun así, no estaba claro cuál de estos tenía la soberanía final. Los poderes del rey se restauraron en gran medida a lo que había sido antes de la guerra civil, pero tuvo que aceptar las reformas que el Parlamento largo había hecho en 1641 (como el deber de llamar al Parlamento al menos cada tres años). El parlamento también votó por un ingreso anual para Carlos II mucho mayor de lo que le habían dado a su padre, reconociendo la necesidad de contar con fondos adecuados para dirigir el gobierno. Se habían hecho compromisos y se había llegado a un acuerdo. Desgraciadamente duró poco.

Al principio, Carlos II parecía exactamente lo que Inglaterra necesitaba. Era encantador, inteligente y, a diferencia de su padre, flexible y dispuesto a comprometerse. Sin embargo, finalmente quedó claro que, al igual que su padre y su abuelo, Carlos II creía en la autoridad absoluta del monarca. Durante su reinado, trabajó para reducir las restricciones que le imponía el acuerdo. Sin embargo, el nuevo rey también era bastante perezoso. No tenía el impulso para tomar el control absoluto de un Parlamento resistente.

Sin embargo, ese no era el único problema. Carlos II libró varias guerras caras y en gran parte infructuosas contra los holandeses. Su necesidad de dinero para luchar en estas guerras lo llevó a aliarse con Francia, lo que asustó al pueblo inglés porque Francia era una superpotencia católica. Cuando, en 1672, Carlos II intentó hacer lo impensable y otorgar tolerancia a los católicos con la Declaración de Indulgencia, los ingleses ya estaban cansados. Un Parlamento enojado rechazó la Declaración de Indulgencia y en su lugar aprobó las Actas de Prueba, que requerían que todos los oficiales negaran la transubstanciación (una doctrina católica clave) y tomaran la comunión anglicana. El rey había tratado de abrir las cosas para los católicos, pero finalmente hizo que la puerta se cerrara aún más firmemente contra ellos.

El miedo al catolicismo alcanzó un nuevo nivel en 1678 cuando se extendió un rumor sobre un complot para matar a Carlos II y restaurar Inglaterra al catolicismo, a pesar de ser falso. El complot papista, como se conocía, hizo que los ingleses volvieran a un odio y desconfianza casi histéricos hacia los católicos y el papado.

Fue esta histeria la que condujo a un evento conocido como la Crisis de la Exclusión. Los whigs (un partido político emergente con sus orígenes en el lado parlamentario de la guerra civil) intentaron que el hermano de Carlos II, Jacobo (que era el siguiente en la línea de sucesión al trono, ya que Carlos II no tenía herederos legítimos), fuera excluido de la sucesión. Su razonamiento era bastante simple: Jacobo era católico romano.

Para excluir a Jacobo de la sucesión, los whigs necesitaban obtener una mayoría parlamentaria y luego aprobar una legislación. Como la población inglesa tenía terror al papado, los whigs ganaron esta mayoría con bastante facilidad en dos elecciones. Pero, en ambas ocasiones, Carlos II logró proteger a su hermano disolviendo el Parlamento antes de que pudiera aprobar el proyecto de ley. Esto llevó a muchas protestas y peticiones, pero Carlos II no retrocedió, y disolvió un tercer Parlamento antes de que pudieran excluir a su hermano.

Sorprendentemente, esta táctica de demora funcionó. Los whigs perdieron lentamente su impulso, y se volvieron más desesperados y radicales. En 1683, se descubrió un complot (no está claro qué tan serio era el complot) para secuestrar y matar tanto a Carlos II como a su hermano. Esta era toda la munición que el gobierno real necesitaba. Los whigs radicales fueron suprimidos, y la crisis de exclusión finalmente terminó. En esta última gran prueba, Carlos II demostró su poder. Cuando murió dos años más tarde, en 1685, dejó a su hermano una corona que estaba en una posición extremadamente fuerte política y financieramente. Sin embargo, Jacobo II seguía siendo católico romano.

La Revolución Gloriosa

Habían pasado más de 100 años desde la última monarca católica de Inglaterra (Mary Tudor, apodada Bloody Mary). Desde entonces, Inglaterra se había convertido en protestante, y su aversión a cualquier cosa relacionada al papado había crecido a niveles de intenso odio y miedo. En cierto modo, Jacobo II no tenía ninguna posibilidad.

Jacobo II de Godfrey Kneller[27]

Además de sus convicciones religiosas, ¿qué tenía de malo el rey Jacobo II? Durante el reinado de su hermano, Jacobo II había servido en el ejército y era un soldado capaz. Era ordenado y aportaba una eficiencia al gobierno real de la que su hermano había carecido. Si bien era católico romano y creía que Inglaterra debería regresar a lo que consideraba la verdadera fe, siguió políticas de tolerancia religiosa en lugar de tratar de perseguir a los protestantes.

Sin embargo, Jacobo II tenía varios defectos. Su amor por el orden lo convirtió en un firme defensor de la jerarquía estricta. Al igual que su padre decapitado, a Jacobo II no le gustaba que lo interrogaran. Esta actitud, combinada con un fuerte sentido de convicción, dio lugar a un monarca que perseguía obstinadamente la eliminación de las restricciones contra los católicos a pesar de que la mayoría de su gente estaba en contra de tales medidas. El sentimiento anticatólico era tan profundo en Inglaterra que Jacobo II se enfrentó a una rebelión contra su gobierno el mismo año en que tomó el trono (1685). Logró reprimir a los rebeldes sin ninguna dificultad, pero no fue un comienzo auspicioso para su reinado.

Las cosas no tardaron en desentrañarse, y el problema finalmente se redujo a una cuestión de herederos. Cuando subió al trono en 1685, Jacobo II ya tenía dos hijas: María y Ana. Ambas eran protestantes. Mientras una de ellas fuera heredera, el trono pasaría de nuevo a manos protestantes, y los intentos de reforma de Jacobo II quedarían en nada.

La primera esposa de Jacobo II, Anne Hyde, había muerto en 1671 y él se había vuelto a casar con una católica romana, María de Módena. Así, cuando María de Módena quedó embarazada a finales de 1687, la Inglaterra protestante se puso muy nerviosa. Si daba a luz a un niño, la hija mayor protestante (María) sería omitida en sucesión, y el trono pasaría a un niño que era casi seguro que sería criado como católico romano.

En el verano de 1688, sucedió lo peor. Había nacido un príncipe. El tema de un heredero católico fue tan controvertido que Jacobo II invitó a una miríada de testigos a estar presentes para el nacimiento y confirmar su legitimidad. Muchos de los testigos protestantes, sin embargo, decidieron mirar para otro lado, y durante muchos años hubo rumores de que el príncipe había sido escondido luego de que la reina diera a luz a un niño muerto. Este rumor era injusto y sin duda desalentador para los orgullosos padres, pero su persistencia muestra el disgusto y miedo de la población hacia la idea de un heredero católico. La gente podría soportar un rey católico. Pero la idea de una dinastía católica era insoportable.

Fue así como el nacimiento del príncipe, llamado Jacobo por su padre, provocó una de las revoluciones más inusuales de la historia. Tres días antes del nacimiento, la situación se había vuelto tan tensa que siete de los hombres más poderosos de Inglaterra escribieron una carta a Guillermo de Orange, invitándolo a invadir.

Sin embargo, ¿quién era Guillermo de Orange y qué participación tenía en Inglaterra? Guillermo de Orange era el líder de la República Holandesa y un importante líder protestante en las guerras religiosas de esta época. (Se opuso en gran medida a la expansión del imperio católico francés). También estaba casado con la hija mayor de Jacobo II. María, la heredera del trono de Inglaterra hasta el nacimiento del príncipe. Para Inglaterra, Guillermo era la única forma en que podían asegurar que el trono pasara a María y alejarlo de manos católicas. Para Guillermo, Inglaterra era un recurso muy necesario y aliado en su lucha contra Francia. Aceptó la invitación para invadir, llegando a Inglaterra el 5 de noviembre de 1688.

Jacobo II no se comportó bien. En el momento en que debía actuar con decisión, entró en pánico. Tenía los recursos para repeler la invasión, pero le faltaba confianza. Tal vez no confiaba en su gente, que claramente no le gustaba, o tal vez no podía olvidar el destino de su padre, Carlos I. Sea cual sea la razón, cuanto más dudaba Jacobo II, más seguidores perdía. Cuando incluso su hija, la princesa Ana, abandonó la corte, se hizo evidente que Jacobo II estaba solo. Sin siquiera encontrarse con Guillermo en la batalla, Jacobo II huyó del país, y Guillermo y María se convirtieron en rey y reina de Inglaterra.

Guillermo de Orange desembarcando en Inglaterra por Hoynck van Papendrecht[28]

El hecho de que Jacobo II huyera del país sin necesidad de ser derrotado se convirtió en un tema de debate durante los días siguientes.

Había quienes (conocidos como jacobitas) pensaban que Jacobo II y sus descendientes eran los legítimos herederos del trono inglés. Estos sentimientos resultaron particularmente fuertes en Escocia e Irlanda y conducirían a conflictos posteriores.

Sin embargo, la revolución que reemplazó a Jacobo II con Guillermo y María fue en sí misma relativamente incruenta. La sangrienta guerra civil había ocurrido menos de cinco décadas antes, haciendo que esta revolución pareciera fácil. Se conoció como la Revolución Gloriosa, y fue la última vez que un monarca inglés perdería el trono.

Unión con Escocia

Como reyes, los Estuardo no tenían un gran historial. María, la hija de Jacobo II, ahora era reina, pero fue la influencia de su esposo Guillermo la que dio forma a Inglaterra más directamente en los años posteriores a la Revolución Gloriosa.

El objetivo de Guillermo, como se mencionó anteriormente, era evitar que Francia convirtiera a Europa en un imperio católico, y ahora que era rey de Inglaterra, esperaba que los ingleses hicieran su parte en este conflicto. Vio a Inglaterra como una gran potencia, crucial para la lucha.

Los ingleses no lo veían así. Lo que sucedía en el continente parecía estar muy lejos, pero Guillermo estaba más que decidido. Inglaterra se vio involucrada por primera vez en la guerra de los Nueve Años, que terminó en 1697. Poco después de la conclusión de esta guerra, Francia violó el tratado que había puesto fin a la guerra al tratar de unir a España y Francia en un solo imperio. La guerra estalló de nuevo en 1701, y mientras Guillermo estaba listo para liderar una vez más el ataque contra Francia, nunca tuvo la oportunidad real, ya que murió en un accidente a caballo en 1702. El trono pasó al único Estuardo protestante que quedaba: la hija menor de Jacobo II, Ana.

Inglaterra estaba en guerra con Francia y Ana era la última Estuardo. Si bien estos hechos podrían parecer totalmente ajenos a Escocia, conducirían a una unión que Jacobo I no había logrado cuando se convirtió en rey de Inglaterra. Para entender cómo, debemos establecer el contexto.

Aunque Ana estaba casada, tuvo numerosos embarazos fallidos y no tuvo hijos sobrevivientes. Eso significaba que cuando muriera no habría un heredero directo, y su pariente vivo más cercano era el príncipe Jacobo, el hijo católico de Jacobo II. Después de todo lo que habían hecho para deshacerse de Jacobo II y su heredero católico, Inglaterra no iba a aceptar al príncipe. El Parlamento aprobó el Acta de Establecimiento, que establecía la sucesión de los parientes protestantes más cercanos de Ana, los descendientes de la hija de Jacobo I, Isabel, que se convertiría en la dinastía de Hannover.

La solución parecía bastante simple, pero había un problema. El Acta de Establecimiento era una legislación aprobada por el Parlamento inglés, y aunque Escocia tenía la misma reina, contaba con un Parlamento separado. Escocia no aprobó el Acta de Establecimiento y, en cambio, aprobó el Acta de Seguridad, que establecía que después de la muerte de Ana, el Parlamento escocés elegiría a su sucesor en Escocia. Había pocas dudas sobre a quién elegirían: al príncipe Jacobo.

A Inglaterra no le gustaba esto. No solo tendrían un vecino del norte con un rey que pensaba que era el heredero legítimo del trono inglés, sino que también era probable que esto hiciera que Escocia reviviera su antigua alianza (conocida como la Alianza Auld) con Francia, con quien Inglaterra estaba actualmente en guerra. Solo había una forma clara de evitar que esto sucediera. Los dos reinos tenían que estar unidos.

Sin embargo, ¿cómo lograrían esto? Jacobo I lo había intentado, pero tanto los ingleses como los escoceses estaban en contra. Todavía había mucha tensión y resentimiento entre los dos países en el Día de la Reina Ana. Los ingleses pensaban mal de los escoceses, y los escoceses no querían ser absorbidos por su vecino del sur. Debido a cosas como el Acta de Seguridad y el miedo a un resurgimiento de la Alianza Antigua, Inglaterra estaba preparada para pasar por alto estas tensiones para asegurar Escocia antes de que pudiera causar problemas. Pero ¿cómo iban a convencer a los escoceses?

En última instancia, el dinero sería el factor motivador que haría posible esta alianza. Al convertirse en parte de la nación británica, los escoceses obtendrían acceso al imperio comercial inglés, lo que podría hacer mucho por la nación del norte, que estaba luchando económicamente. El dinero también se convirtió en un factor en formas menos sutiles. Inglaterra pagó a Escocia una suma fija para unir las naciones. También es muy probable que los miembros del Parlamento escocés recibieran sobornos personales. Inglaterra tuvo que hacer algunas concesiones para sellar el acuerdo, como aceptar que Escocia mantuviera sus prácticas religiosas (presbiterianismo) y leyes. Así, en 1707, se aprobó el Acta de Unión, creando Gran Bretaña.

Union Jack: bandera del Reino Unido[89]

Todos los Estuardo habían sido monarcas de Inglaterra y Escocia, pero no fue hasta el último gobernante de la dinastía que los dos países se convirtieron en uno solo. En un momento, los Estuardo habían dividido la nación, pero al final, lograron unirla y engrandecerla antes de pasar la antorcha a los Hannover. En 1714, la reina Ana murió. Fue sucedida por Jorge de Hannover, hijo de Sofía, nieta de Jacobo VI. Una nueva dinastía había comenzado.

Capítulo 15: Gran Bretaña del siglo XVIII - Expansión, guerras y revoluciones

La historia inglesa hasta este punto se ha centrado en gran medida en los monarcas porque, como monarquía, el curso de Inglaterra fue moldeado por las decisiones y la personalidad de su gobernante. Sin embargo, como vimos en los últimos capítulos, el poder del Parlamento había estado aumentado. Inglaterra siguió siendo una monarquía y técnicamente lo sigue siendo hoy en día, pero el monarca llegaría a tener cada vez menos poder real a medida que avanzaba la dinastía de Hannover.

En cambio, el Parlamento y los partidos políticos ganaban cada vez más influencia en el gobierno del país. Para entonces, habían surgido dos partidos, los whigs y los tories (conservadores). Estos partidos habían surgido después de la guerra civil inglesa. Los whigs surgían de una visión parlamentaria y los tories de un lado más realista. Las ideas de los dos partidos cambiaron mucho con el tiempo, pero seguían siendo estos dos partidos los que dominaban el Parlamento a principios del siglo XVIII.

Sin embargo, no son solo los monarcas y los partidos políticos los que dan forma a una nación. Las fuerzas y movimientos más grandes causan eventos e impactan a un país y su gente. La Inglaterra del siglo XVIII fue el hogar de uno de los movimientos más importantes de la historia, un evento que cambiaría para siempre la forma en que la gente vivía en Inglaterra, Europa y el mundo entero. Este es el momento de la Revolución Industrial.

La Revolución Industrial

En verdad, llamar a la Revolución Industrial un evento no es históricamente exacto. La Revolución Industrial se refiere al proceso en el que la economía de un país se centra en la fábrica en lugar de la producción nacional. Sucedió gradualmente con el tiempo, y en Inglaterra, el marco de tiempo de ese cambio fue alrededor del siglo XVIII, particularmente la segunda mitad.

¿Por qué tuvo lugar en el siglo XVIII? La respuesta simple son los avances tecnológicos. Muchas industrias se vieron afectadas por las nuevas tecnologías que hicieron que la producción de bienes fuera más rápida y posible a gran escala. La industria textil es un gran ejemplo. Inventos como el spinning jenny (una máquina que podía hilar múltiples hilos a la vez) y el water frame (una máquina de hilar accionada por una rueda hidráulica), ambos de la década de 1760, hicieron posible hilar a una velocidad y escala completamente inigualables.

Spinning Jenny del Museo de la Industria[80]

Las máquinas eran una cosa, pero otro avance importante que hizo posible la Revolución Industrial fue el descubrimiento de diferentes fuentes para alimentar esas máquinas. Gracias al vapor y el carbón, las fábricas podían producir bienes sin parar y a un ritmo constante.

Sin embargo, había otros factores en juego además de la tecnología. Una población en crecimiento creó una fuerza laboral que podría satisfacer la alta demanda de mano de obra requerida por el aumento masivo de los negocios. Este aumento de la población también se produjo en un momento en que la producción agrícola había aumentado debido a los avances tecnológicos, por lo que se necesitaban menos trabajadores para la producción de alimentos. Por primera vez en la historia de la humanidad, la mayoría de la población no necesitaba ser agricultora, abriendo la posibilidad de una economía centrada en la producción de bienes de fábrica.

La producción masiva de bienes durante la Revolución Industrial hizo que la economía creciera, pero también alteró drásticamente la estructura de la sociedad. Las máquinas que hacían posible la producción en masa eran caras y grandes, lo que requería que alguien con el capital inicial construyera una fábrica y comenzara un negocio. Por lo tanto, la producción de bienes se trasladó de los hogares de trabajadores calificados a fábricas que eran propiedad de fabricantes. A medida que crecía el número de fábricas, los trabajadores que producían cosas a mano se vieron obligados a abandonar el negocio y se trasladaron a las zonas urbanas para conseguir trabajo en las fábricas. La demanda de mano de obra era tan alta que aquellos que tradicionalmente no ganaban un salario, como las mujeres y los niños, debieron buscar trabajo en alguna de las nuevas fábricas. Así, desde aproximadamente 1750 hasta 1880, Inglaterra pasó de ser una sociedad principalmente agrícola con una población dispersa a una sociedad industrializada con una población cada vez más centralizada en las ciudades.

También se añadieron nuevas capas a la sociedad. A medida que aumentaba la industria, la riqueza se volvía menos ligada a la tierra. Surgió una nueva clase de industriales que poseían grandes riquezas sin ser miembros de la aristocracia tradicional terrateniente. Sin embargo, los ricos no fueron los únicos afectados. La creciente población urbana y el gran número de trabajadores en las fábricas crearon un pueblo más consciente políticamente, lo que llevó a la creación de sindicatos y diferentes reformas. Por supuesto, gran parte de la reforma que se exigía se debía a las terribles condiciones de trabajo que también fueron creadas por la Revolución Industrial.

La Revolución Industrial no solo afectó a las personas en Inglaterra. También impactó el lugar de Inglaterra en el mundo. La riqueza que trajo la industria sería fundamental para permitir que Inglaterra dominara el mundo durante los próximos 200 años. Sin embargo, la economía por sí sola no era suficiente para convertir a Inglaterra en una superpotencia global. En el siglo XVIII, el destino de un país estaba estrechamente relacionado con su poderío militar.

Establecer el poder

Durante el siglo XVIII, Inglaterra estuvo involucrada en varios conflictos armados, incluida la guerra de Sucesión española, la guerra de Sucesión austriaca, las guerras Carnáticas, la guerra de los Siete Años y la Revolución estadounidense, etc. Inglaterra no solo estuvo involucrada en otros conflictos en este siglo, sino que la mayoría de las guerras enumeradas se componían de muchos conflictos separados. Por ejemplo, durante la Revolución estadounidense, Inglaterra estaba en guerra con los colonos estadounidenses, pero España, Francia y los Países Bajos también aprovecharon la oportunidad para atacar a Inglaterra.

Pero ¿por qué las guerras de este siglo son tan complicadas? El siglo XVIII fue una época de intensa competencia entre las potencias europeas. España, Francia, los Países Bajos e Inglaterra competían para construir imperios de ultramar conectados a través del comercio. La guerra estallaba con frecuencia en todo el mundo a medida que diferentes países competían por el control de nuevas áreas, rutas comerciales y otros recursos. Las alianzas se forjaban y luego se rompían. Muchos grupos, además de las cuatro naciones mencionadas anteriormente, se vieron inmersos en varios conflictos. Era un juego complejo de colonización y conquista, e Inglaterra (Gran Bretaña en este punto porque Inglaterra, Gales y Escocia se habían unido) saldría como un ganador bastante claro a finales de siglo. No hay espacio para comenzar a discutir todos estos conflictos aquí, pero al menos podemos obtener una breve comprensión de algunos de los principales eventos y sus consecuencias para Inglaterra.

La Guerra de Sucesión (1701-1714)

Después de luchar en la guerra de los Nueve Años para evitar el crecimiento del imperio francés, uno de los últimos actos de Guillermo de Orange como rey de Inglaterra fue llevar a la nación a otra guerra para evitar las ambiciones imperiales francesas. Aunque Guillermo murió poco después, Inglaterra permaneció en la guerra, luchando junto a muchos aliados para evitar que Francia uniera los imperios español y francés.

A Inglaterra le fue muy bien militarmente en este conflicto, en gran parte gracias a la mente militar de John Churchill (un antepasado lejano de Winston Churchill). Sin embargo, a pesar de las victorias, la guerra se prolongó hasta que el Parlamento se cansó de luchar y buscó un acuerdo de paz. La guerra terminó con el Tratado de Utrecht, que le dio a Gran Bretaña nuevos territorios, el monopolio del comercio de esclavos y más. Si bien algunos vieron esto como una pequeña victoria, estas ganancias estratégicas resultarían cruciales para la construcción del imperio de Inglaterra.

La Guerra del Asiento (1739-1748)

Este extraño conflicto comenzó cuando un capitán de barco llamado Jenkins presentó al Parlamento su oreja, que supuestamente había sido cortada por los españoles después de que abordaron y saquearon su barco. El incidente tuvo lugar en las Indias Occidentales (hoy en día el Caribe), por las que los ingleses y los españoles habían estado luchando desde los días de la reina Isabel. Inglaterra ya estaba descontenta con los españoles en esta área, por lo que el incidente de la oreja de Jenkins fue suficiente para provocar una guerra.

La guerra del Asiento pronto se convirtió en parte del conflicto más amplio de la guerra de Sucesión austriaca. No hubo un final claro para el conflicto entre España y Gran Bretaña. La guerra de Sucesión austriaca terminó con el Tratado de Aix-la-Chapelle, que fue negociado en gran parte por Francia y Gran Bretaña. Aunque el tratado resolvió muchas cosas, en particular no hizo nada para resolver las disputas coloniales entre Francia y Gran Bretaña, que se habían convertido en las dos superpotencias. El hecho de no abordar estas disputas condujo directamente a la próxima guerra.

Guerra de los Siete Años (1756-1763)

Los problemas se estaban gestando entre Francia e Inglaterra, ya que ambos buscaban convertirse en la potencia colonizadora dominante, y finalmente el conflicto surgió en las colonias americanas. Una disputa por la posesión del Valle de Ohio, una zona fronteriza entre las áreas controladas por franceses y británicos, condujo al derramamiento de sangre en 1754, y en 1756, la disputa se había convertido en un conflicto global, con combates en las Américas, India y Europa y muchas otras naciones involucradas.

Tuvo varios frentes diferentes y fueron siete años totales de lucha. No tenemos espacio aquí para sumergirnos en la historia militar de esta guerra. Lo que debe saber es que al final de la guerra, Gran Bretaña había llegado a la cima. La guerra terminó con el Tratado de París en 1763, que le dio a Gran Bretaña la mayor parte de las posesiones de Francia en América del Norte y la India. Gran Bretaña también ganó Florida de los españoles. Con esta victoria, el Imperio británico estaba seguro y en expansión.

Las guerras carnáticas

Las guerras carnáticas fueron una serie de conflictos a lo largo del siglo XVIII en la India. Estas guerras se libraron por el control de la región costera carnática de la India. Tanto Francia como Gran Bretaña participaron, buscando apoyar a diferentes reclamantes de la zona. Gran Bretaña finalmente ganó el control del área a través del Tratado de París que puso fin a la guerra de los Siete Años.

Lo interesante de estas guerras y revelador de este período es que, a veces, las guerras eran libradas por una empresa. Las fuerzas de la Compañía Inglesa de las Indias Orientales querían asegurarse de tener el monopolio de los recursos y el comercio de la región. La colonización y el comercio habían traído tanta riqueza a Europa que las empresas podían actuar con poderes normalmente restringidos a los gobiernos. Esto no duraría, ya que, en el siglo XIX, el gobierno inglés intervino, rompiendo el monopolio de la compañía y tomando el control político de la India.

Revolución estadounidense (1775-1783)

Si bien puede sorprender a muchos, la Revolución estadounidense no fue uno de los conflictos clave del siglo para Gran Bretaña. Sin embargo, es uno de los pocos que perdió Gran Bretaña, y eso lo convierte en un estudio de caso interesante.

Si bien el conflicto se debió principalmente al deseo de independencia de las colonias estadounidenses, al igual que otras guerras en este siglo, la Revolución estadounidense fue un poco más compleja. España y Francia, viendo la oportunidad de herir a su rival, se unieron a los colonos contra Gran Bretaña. Al mismo tiempo, Gran Bretaña estaba librando una guerra separada con los Países Bajos, que también apoyaba a los colonos. En esta época de competencia, toda intervención era una oportunidad para debilitar a los rivales.

Gracias en gran parte a la ayuda de Francia, así como a la perseverancia de los colonos y a lo que solo los británicos pueden llamar errores militares, los colonos obtuvieron su independencia de Gran Bretaña. El gigante imparable había sido derrotado, pero ¿qué tan importante era esto para el Imperio británico?

Si bien Gran Bretaña había tratado de evitar la pérdida de las colonias americanas y la pérdida fue devastadora, no iba a ser un golpe paralizante para el imperio. La riqueza y el poder que Gran Bretaña había acumulado a lo largo del siglo no podían ser derrocados con una sola pérdida. Además, el comercio entre los nuevos Estados Unidos y Gran Bretaña se reanudó sorprendentemente rápido, lo que permitió a Gran Bretaña continuar cosechando beneficios económicos de sus antiguas colonias. La Revolución estadounidense demostró simultáneamente que Gran Bretaña no era imparable y que su estatus como potencia mundial podía ser sacudido, pero no deshecho. Sin embargo, la Revolución estadounidense no dejó indemne a Gran Bretaña, y tal vez el peor golpe fue para el rey Jorge III y la monarquía.

Cambios internos

Durante mucho tiempo, el rey Jorge III se ha llevado la peor parte de la culpa por la pérdida de las colonias americanas. La narrativa popular de la independencia estadounidense afirma que Jorge III era un tirano cuya ansia de poder empujó a los estadounidenses a la revolución. Esta afirmación no logra captar el matiz de lo que exactamente salió mal en el reinado de Jorge III. El rey en realidad era incapaz de manejar los complejos problemas políticos que surgieron durante su reinado. Jorge III fue rey durante una época de política popular emergente cuando las opiniones de la gente comenzaban a ser manipuladas como una herramienta política. También fue un momento de inestabilidad política en el que el control del Parlamento era incierto.

El rey Jorge III demostró ser incapaz de manejar estos problemas. Escogió mal a sus ministros, lo que llevó a acusaciones de favoritismo y un deseo de restaurar la prerrogativa real. Apoyó al Parlamento y a sus ministros incluso mientras tomaban decisiones que empujaban a las colonias americanas cada vez más cerca de la revolución. Una vez que comenzó la guerra, el rey empeoró las cosas al insistir obstinadamente en continuar la lucha para retener las colonias, incluso después de que se hiciera evidente que Gran Bretaña estaba perdiendo. Aunque muchos historiadores ahora creen, basándose en la evidencia, que estas acciones fueron hechas por un rey que creía firmemente en su deber de guiar a la nación en lugar de un tirano, no cambia el hecho de que Jorge III a menudo tomaba malas decisiones. Cuando se perdieron las colonias americanas, el Parlamento e Inglaterra tenían poca fe en su rey.

Jorge III adquirió cierta competencia a medida que adquiría experiencia. Conformó con éxito el surgimiento del gobierno de William Pitt el Joven, pero al hacerlo, confirmó su propia irrelevancia. Aunque el rey había ayudado a Pitt el Joven a ascender, ambos sabían que Jorge III no podía manejar a sus oponentes políticos sin Pitt. Esto dejó la mayor parte del poder en manos de Pitt. El primer ministro era la verdadera fuerza del gobierno inglés.

Este cambio en el poder del monarca solo se hizo más arraigado cuando Jorge III se enfermó mentalmente. Muchos creen que el rey tenía porfiria, una condición que causaba la producción excesiva de ciertos compuestos en la sangre que envenena todo el sistema nervioso. Si bien este diagnóstico exacto no puede confirmarse, sigue siendo indudablemente cierto que Jorge III padecía una enfermedad mental. A finales del siglo XVIII, sufrió un ataque de locura, pero en la última década de su vida (de 1811 a 1820), tenía solo breves momentos de lucidez. Aunque su hijo, Jorge IV, fue nombrado regente durante esta década, la enfermedad mental del rey dejó al gobierno de Inglaterra casi en su totalidad en manos de los ministros y el Parlamento.

Algo había cambiado en el gobierno inglés. El monarca, que durante tanto tiempo había sido el propio gobierno, podía ser visto por primera vez como una figura decorativa. Jorge III ejercía un poder real (incluso al final de su reinado antes de que la enfermedad mental lo superara), pero fue el último monarca inglés en hacerlo. A partir de entonces, Inglaterra fue gobernada más por su primer ministro que por su monarca.

Capítulo 16: La unión con Irlanda

Inglaterra había crecido bastante desde que surgió como nación en el siglo X, y parte de ese crecimiento fue su unión con Gales (hecha oficial bajo Enrique VIII en 1536) y Escocia (lograda en 1707). Los tres juntos formaron el país conocido como Gran Bretaña, pero había otra parte de las Islas Británicas que aún no se había incorporado oficialmente: Irlanda.

Hasta ahora en este libro no hemos explorado lo que estaba sucediendo entre Inglaterra e Irlanda. Para comprender cómo ocurrió la unión con Irlanda en 1801, debemos retroceder en el tiempo y aprender un poco más sobre la relación entre los dos países.

¿Reyes de Irlanda?

Gales fue conquistada por Eduardo I y luego se unió oficialmente a Inglaterra bajo Enrique VIII. Escocia se conectó con Inglaterra cuando Jacobo I se convirtió en rey de ambas naciones, y los Estuardo gobernaron como países separados hasta la unión bajo la reina Ana. La historia de Irlanda no es tan sencilla.

Inglaterra reclamó por primera vez Irlanda en la Edad Media bajo Enrique II. Al igual que con Gales, Inglaterra esperaba ganar territorio a través de la conquista, pero la conquista de Irlanda era mucho más lejana. Inglaterra se había asegurado un punto de apoyo en el país, pero solo mantenía el control en un área, que se conoció como la Empalizada, dejando la mayor parte de la isla bajo el control de varios clanes irlandeses.

Los Tudor trataron de establecer un control más firme, pero Irlanda era demasiado independiente. Incluso los nobles angloirlandeses (colonos ingleses que llegaron durante la Edad Media y se casaron con los irlandeses) que vivían dentro de la Empalizada no siempre respetaban a la Corona inglesa. La Reforma empeoró la situación. Independientemente de lo que los ingleses hayan pensado o intentado, los irlandeses no tenían intención de convertirse en protestantes. Los intentos de convertirlos solo aumentaban el nacionalismo irlandés y debilitaban el poder de Inglaterra.

Sin conseguir la conversión, Isabel I intentó otro método para someter a los obstinados irlandeses: las plantaciones. Al tomar tierras de los católicos irlandeses y redistribuirlas a los colonos ingleses protestantes, la reina tal vez haya querido cambiar la clase terrateniente en Irlanda en un grupo más comprensivo y dispuesto a ser gobernado por Inglaterra. Estos colonos ingleses protestantes se conocieron como los Nuevos Ingleses.

Este plan tampoco funcionó. Regalar sus tierras solo hizo que los irlandeses se sintieran más resentidos. Una rebelión estalló en la región de Irlanda del Norte del Ulster en 1594 bajo el liderazgo del Conde de Tyrone. Se conoció como la Rebelión de Tyrone. Tyrone eligió bien su momento porque los ingleses estaban involucrados en otros conflictos militares en el continente y no podían dedicar toda su atención a la rebelión irlandesa. La rebelión se prolongó durante nueve años. Se destruyeron muchas tierras y propiedades, y murieron muchos civiles.

En última instancia, los ingleses sofocaron la rebelión, pero las cicatrices que causó fueron profundas y amargas, y solo empeoró la relación entre Irlanda e Inglaterra. Muchos miembros de la nobleza irlandesa huyeron al continente, dejando al Ulster sin clase dominante. Inglaterra actuó rápidamente, dando la tierra a los colonos protestantes de la Nueva Inglaterra. Este fue el origen de la región que se convertiría en Irlanda del Norte.

Irlanda volvió a intentar rebelarse durante la guerra civil inglesa. Durante un tiempo, la guerra civil fue tan agitada que Irlanda se quedó sola, pero una vez que Cromwell estuvo a cargo, Irlanda fue brutalmente puesta a prueba. La destrucción fue tan grande que muchos de los que escaparon de muertes violentas más tarde murieron de hambre.

Décadas más tarde, los irlandeses volvieron a ver la oportunidad de deshacerse del yugo inglés. A diferencia del resto de los reinos de Jacobo II, Irlanda estaba bastante feliz de ser católico. Después de que Jacobo II huyera de Inglaterra durante la Revolución Gloriosa, obtuvo el apoyo de los católicos irlandeses para reclamar sus reinos. Había recuperado el control de casi toda Irlanda, excepto del Ulster dominado por los protestantes, cuando Guillermo de Orange se encontró con él en la batalla de Boyne (1690), donde Jacobo II y los católicos irlandeses fueron derrotados. Una vez más, Irlanda había fracasado en su rebelión.

Guillermo III en la batalla del Boyne por Jan Wyck[81]

El fracaso de este levantamiento católico dejó a los terratenientes protestantes con aún más poder. Controlaban el Parlamento irlandés y pronto aprobaron leyes que restringían muchas cosas a los católicos, desde votar hasta comprar tierras. Aunque la mayor parte de Irlanda era católica, era muy difícil para los católicos hacer cualquier cosa.

Aunque Inglaterra había sofocado rebelión tras rebelión, su control de Irlanda seguía siendo inestable. El repetido sometimiento de Irlanda hizo que su gente se sintiera cada vez más resentida. Inglaterra se aferró a Irlanda solo por la fuerza, y había muy poca unión práctica entre los dos. Entonces, ¿cómo surgió la unión política?

Irlanda en el siglo XVIII

Irlanda en el siglo XVIII era una nación dividida. La mayoría de la población era católica, pero como los católicos estaban severamente restringidos, la mayor parte de la tierra era propiedad de los protestantes.

Los protestantes controlaban el Parlamento irlandés y tomaban decisiones por los irlandeses.

Naturalmente, había mucha tensión entre los dos grupos. Los terratenientes protestantes alquilaron tierras a inquilinos católicos, pero la falta de comprensión y cooperación entre los grupos obstaculizó cualquier crecimiento económico. Los propietarios protestantes solían pasar la mayor parte del tiempo en Londres. Esto significaba que estaban más interesados en los ingresos por alquiler que en invertir en la tierra en sí. Para ganar la mayor cantidad de alquiler posible, la tierra se subdividía entre la mayor cantidad posible de inquilinos, lo que a menudo dejaba a los campesinos irlandeses con muy poca tierra para ganarse la vida. Este problema de subdivisión solo se vio agravado por la tendencia irlandesa a dividir las tenencias entre los hijos en lugar de heredárselas a los mayores como hacían los ingleses.

Todos estos problemas se agravaron por el hecho de que había poco que hacer en Irlanda aparte de la agricultura. Sin otras industrias a las que recurrir, el problema de las pequeñas propiedades de tierra aumentó a medida que crecía la población. La tecnología agrícola tampoco avanzó rápidamente en Irlanda, por lo que el crecimiento de la población ejerció una gran presión sobre el país. En resumen, Irlanda en el siglo XVIII era pobre y estaba muy dividida entre la élite gobernante y la clase campesina.

Sin embargo, estaba surgiendo un nacionalismo político que buscaba una mayor independencia irlandesa, y la fuente de ese nacionalismo fueron sorprendentemente los terratenientes protestantes. Si bien esta poderosa minoría gobernante podría no haberse preocupado por los derechos de los católicos irlandeses, sí se preocupaban por sí mismos y se estaban molestando cada vez más por la interferencia directa del Parlamento británico en los asuntos irlandeses. A pesar de que Irlanda tenía un Parlamento, el Parlamento británico a menudo legislaba directamente para Irlanda y tomaba decisiones que perjudicaban a los irlandeses. Si bien Irlanda se veía a sí misma como un reino separado con el mismo rey (como había sido Escocia antes de la unión), estaba claro que Inglaterra veía a Irlanda más como una posesión colonial.

Los irlandeses protestantes comenzaron a anhelar más autonomía, particularmente el derecho del Parlamento irlandés a legislar exclusivamente para Irlanda. A finales del siglo XVIII, los irlandeses lograron lo que querían por un tiempo. En 1780, aprovechando la precaria situación imperial en la que se encontraba Gran Bretaña debido a la Revolución estadounidense, Irlanda exigió el libre comercio y lo consiguió (un logro importante teniendo en cuenta que Escocia había tenido que unificarse con Inglaterra para obtener lo mismo). Luego, en 1782, el Parlamento irlandés obtuvo autonomía en los asuntos irlandeses. Irónicamente, era una demanda similar a la que habían hecho los revolucionarios estadounidenses. Sin embargo, los irlandeses lo hicieron cuando Inglaterra estaba tratando de mantener unido su imperio y no estaba de humor para luchar contra otro proceso de independencia.

La élite de protestantes irlandeses tenía lo que quería, pero esto no era todo. Aunque Irlanda prosperó ahora que tenía libre comercio y la capacidad de tomar decisiones por sí misma, la mayor parte de la nación todavía estaba oprimida e inaudita. Había habido un cierto aflojamiento de las leyes penales que restringían a los católicos, pero aún no tenían poder político. El desarrollo agrícola también seguía rezagado, y la pobreza era desenfrenada en las zonas rurales, donde había manifestaciones de violencia contra los terratenientes y sus políticas. El país estaba dividido no solo por líneas religiosas, sino también por líneas de clase.

Estas tensiones fueron particularmente graves en Armagh, un condado del Ulster, donde en las décadas de 1780 y 1790, la violencia sectaria entre un grupo protestante llamado Peep o' Day Boys y un grupo católico conocido como los Defensores fue intensa. Una gran confrontación entre los dos grupos en 1795, llamada la batalla del Diamante, provocó la formación de una sociedad protestante secreta conocida como la Sociedad Naranja. El objetivo de la Sociedad Naranja era mantener el poder protestante frente a las crecientes demandas de mayores derechos para los católicos.

La Sociedad Naranja no fue la única sociedad formada en la década de 1790 en Irlanda. También estaba la Sociedad de los Irlandeses Unidos, que se formó en 1791, inspirada en la Revolución francesa y estadounidense. Este grupo era único en el sentido de que no tenía una afiliación religiosa. Su objetivo era la independencia irlandesa y mayores derechos de voto. A lo largo de la década, el grupo se radicalizó más, entrando en plena rebelión contra el dominio británico en 1798. Al igual que las muchas rebeliones irlandesas anteriores, la rebelión de 1798 no fue buena para los irlandeses unidos. Fue sofocado por el poder militar de Inglaterra, y las consecuencias fueron graves.

Para controlar Irlanda, se aprobó un nuevo Acta de Unión en 1801 que eliminó el Parlamento irlandés, y en su lugar le dio a Irlanda escaños en el Parlamento británico. El objetivo declarado era fortalecer la conexión entre las dos naciones, pero estaba claro que Irlanda había sido sobornada para entrar la unión. El Parlamento irlandés solo había tenido el control de Irlanda durante dieciocho años, y ahora Irlanda estaba más firmemente bajo control británico que nunca.

La cuestión irlandesa

Si los británicos pensaban que una unión política resolvería sus problemas con Irlanda, habían subestimado profundamente la profundidad de la división entre los dos reinos. La "cuestión irlandesa", como se conocía el problema, fue un problema frustrantemente irresoluble y constante para Gran Bretaña durante el siglo XIX. Pero ¿cuál era exactamente la cuestión? ¿Cuáles eran los problemas que plagaban la relación anglo-irlandesa después de la unión?

A pesar de formar parte del rico Imperio británico, Irlanda seguía siendo una nación pobre con una economía estancada. Todavía había mucha violencia entre propietarios e inquilinos, y las tensiones religiosas, como siempre, seguían siendo altas. La unión trajo tensiones políticas adicionales, ya que la mayoría de Irlanda no tenía voz en el gobierno británico (y, por lo tanto, en el suyo propio), ya que los católicos estaban excluidos del Parlamento. Irlanda seguía siendo un lugar pobre y violento, e Inglaterra no tenía idea de qué hacer con él.

En la primera mitad del siglo XIX, un movimiento político para emancipar a los católicos irlandeses llegó al Parlamento británico. Gracias en gran parte al trabajo de un hombre llamado Daniel O'Connell, el Parlamento aprobó la Ley de Emancipación Católica de 1829, que permitía a los católicos sentarse en el Parlamento y ocupar cargos gubernamentales. Pero había un precio que pagar para que el Parlamento británico aprobara tal ley. Los derechos de voto en Irlanda se redujeron considerablemente, de modo que, a pesar de que los católicos ahora podían sentarse en el Parlamento, pocos católicos irlandeses podían votar.

Sin embargo, la emancipación católica no era lo único que querían los irlandeses. La derogación del Acta de Unión era el siguiente objetivo, pero en este caso, Gran Bretaña no estaba preparada para ceder a la presión. Revertir la unión con Irlanda habría sido para Gran Bretaña dar un paso atrás en la construcción de su imperio, e Inglaterra vio esto como un paso hacia la destrucción de su posición como potencia mundial. No importaba lo difícil que resultara Irlanda, Inglaterra no iba a dejarla ir sin luchar.

Los disturbios políticos en Irlanda pasaron a un segundo plano a mediados del siglo XIX con el estallido de la Gran Hambruna (también llamada Hambruna Irlandesa de la Papa). En la década de 1840, gran parte de la población irlandesa, en particular la gran cantidad de agricultores pobres, dependía en gran medida de la papa como fuente de alimento. Para algunos, las papas eran su único alimento. Por lo tanto, cuando una plaga devastó los cultivos de papa en todo el país, los resultados fueron catastróficos. Alrededor de un millón de personas murieron de hambre o de enfermedades causadas por la desnutrición. Más de otro millón de personas se mudaron a otros países para encontrar trabajo y comida. Tan devastadora fue la hambruna que la población irlandesa nunca se recuperó. Irlanda es el único país del mundo que tiene menos personas hoy que a principios del siglo XIX antes de la hambruna.

La hambruna también empeoró las tensiones entre Gran Bretaña e Irlanda. La respuesta del gobierno británico al desastre fue inadecuada. Se iniciaron programas para alimentar a la población hambrienta y luego se cerraron mientras muchos todavía morían de hambre. El hecho de que Gran Bretaña fuera una de las naciones más ricas de la tierra en ese momento hizo que los irlandeses se sintieran extremadamente amargados por la falta de ayuda.

Un grupo que se radicalizó por la Gran Hambruna fue un movimiento llamado Joven Irlanda. Joven Irlanda era un grupo de jóvenes periodistas que querían renovar el sentido de la cultura y la identidad irlandesas y derogar la unión con Gran Bretaña. La amargura causada por la Gran Hambruna convirtió al grupo en revolucionario, e intentó iniciar una revolución armada en 1848. Sin embargo, la mayoría de la población todavía sufría demasiado por la hambruna como para tomar las armas. Fue un levantamiento de corta duración, pero inspiraría más tarde el nacionalismo irlandés e impulsaría la independencia irlandesa.

Dia de la independencia irlandesa

Bandera irlandesa[82]

Durante las siguientes décadas, Irlanda continuó hirviendo a fuego lento. En el tiempo entre la Gran Hambruna y la Primera Guerra Mundial, surgieron varios partidos y grupos políticos nuevos con diferentes ideas para Irlanda. El movimiento de Autonomía buscaba que el Parlamento británico aprobara una ley de Autonomía que le diera a Irlanda su propio Parlamento, subordinado al Parlamento británico. En respuesta al movimiento de la Autonomía surgió el Sindicalismo, un movimiento de oposición centrado en el área del Ulster. Los unionistas estaban en contra del autogobierno. Muchos de ellos eran protestantes que creían que el Home Rule (gobierno autónomo) daría lugar a un gobierno católico que destruiría la posición de élite que los protestantes habían disfrutado durante tanto tiempo, especialmente en el norte. También había un tercer grupo: Sinn Féin. El Sinn Féin estaba más estrechamente alineado con los sentimientos expresados por el grupo Joven Irlanda. Quería la independencia de Irlanda, aunque en 1905 estaba operando como un partido político dentro del sistema británico.

El conflicto entre estas diferentes visiones para Irlanda llegó a un punto crítico durante la Primera Guerra Mundial. Los nacionalistas irlandeses militantes aprovecharon lo que consideraron una oportunidad para rebelarse contra el dominio británico, declarando la República de Irlanda independiente en la Pascua de 1916, pero los rebeldes habían elegido un mal momento. No recibieron apoyo del pueblo irlandés ni de los partidos políticos. Sin embargo, una vez más Gran Bretaña respondió con dureza, alienando aún más a Irlanda. La rebelión fue sofocada, pero la rápida ejecución de sus líderes por parte de los británicos los convirtió en mártires. La respuesta británica a la Rebelión de Pascua alejó al pueblo irlandés del movimiento de Autonomía y lo llevó a los brazos del Sinn Féin.

La violencia volvió a estallar en 1919 después de que los miembros del Sinn Féin legalmente elegidos para el Parlamento británico se negaran a ir a Londres, y en su lugar se sentaran en su propio Parlamento irlandés en Dublín. La guerra angloirlandesa que siguió fue una guerra de guerrillas entre las fuerzas británicas y los nacionalistas irlandeses. En 1921, ambas partes estaban cansadas de luchar. Gran Bretaña, cuyo público se había cansado de la violencia y las atrocidades cometidas en Irlanda, finalmente aceptó dejar ir a Irlanda. Sin embargo, los términos no eran del agrado de todos.

A través de los términos del tratado de 1921, Irlanda se convirtió en un dominio de la Mancomunidad con un Parlamento independiente que juraba lealtad a la Corona británica (al igual que Australia y Canadá). Para los miembros más radicales del Sinn Féin, que odiaban a Inglaterra, esto no era lo suficientemente bueno. Querían la República de Irlanda que se había declarado en la Pascua de 1916. Incluso hubo una breve guerra civil en Irlanda sobre este punto inmediatamente después del tratado de 1921, pero el estado de dominio se mantuvo. (Irlanda finalmente se convirtió en república en 1949).

El otro punto de discusión fue Irlanda del Norte. Seis condados del Ulster (donde el sindicalismo era más fuerte) quedaron fuera del dominio de Irlanda, con la idea de que podrían añadirse más tarde (algo que todavía no ha sucedido más de un siglo después). Irlanda finalmente era independiente, pero ya no estaba completa, y el impacto de esta ruptura todavía se siente en la actualidad. Irlanda del Norte ha sido un semillero de violencia y terrorismo entre católicos y protestantes. Las heridas de siglos de tensión y lucha han demostrado ser muy difíciles de curar.

Capítulo 17: La era victoriana

Como vimos en el Capítulo 15, a finales del siglo XVIII y el final del reinado de Jorge III, Gran Bretaña se había convertido en una nación gobernada principalmente por el Parlamento y sus ministros. Los monarcas intentaron aferrarse al poder político, pero a finales del siglo XIX, su papel se convirtió en gran medida social y ceremonial.

Sin embargo, el monarca que gobernó durante esta última disminución del poder se ha convertido en uno de los más famosos de la historia británica, con un reinado lo suficientemente largo como para que toda una edad lleve su nombre. La época o era victoriana, que lleva el nombre de la reina Victoria,

Retrato de la reina Victoria de Inglaterra, emperatriz Victoria de la India[88]

que gobernó desde 1837 hasta 1901, es uno de los períodos más emblemáticos de la historia británica por su cultura y los cambios políticos y sociales que ayudaron a dar forma a una Gran Bretaña más moderna.

(Los historiadores generalmente dan a la era victoriana fechas más amplias, comenzando en 1820 con la muerte de Jorge III y terminándola en 1914 con el estallido de la Primera Guerra Mundial).

Cambios sociales

En la época victoriana, la Revolución Industrial había cambiado la composición social de Gran Bretaña. A lo largo de la época victoriana, Inglaterra se convertiría en la primera nación en industrializarse y urbanizarse. En la Primera Guerra Mundial, la mayor parte de la población de Inglaterra vivía en zonas urbanas. Este movimiento de población tuvo un profundo impacto en la estructura social del país.

La urbanización podría haber significado serios problemas para la clase aristocrática o noble en Inglaterra. Los compañeros y los caballeros terratenientes que constituían el nivel más alto de la sociedad originalmente tenían poder debido a las grandes cantidades de tierra que poseían. En una sociedad agrícola, los que poseen la tierra poseen todo, por lo que a medida que las ciudades se convirtieron en los nuevos centros de riqueza y poder, ¿qué pasaría con los nobles y sus grandes propiedades rurales?

La respuesta es que nada. Muchas de las élites terratenientes eran lo suficientemente inteligentes como para invertir en la industria, y durante mucho tiempo, el proceso de urbanización solo aumentó el valor de sus tierras. Estos terratenientes también ocupaban muchos de los cargos gubernamentales, por lo que incluso cuando el resto de la sociedad se mudó a las ciudades y ya no eran arrendatarios, la clase terrateniente aún conservaba mucho poder. Muchas de las élites terratenientes también conservaban un sentido de responsabilidad hacia el resto de la sociedad. Estos sentimientos paternalistas llevaron a muchos aristócratas a unirse al partido político conservador conocido como los tories, que creían que mantener la jerarquía social en la sociedad era para el bien de todos.

A pesar de esto, la era victoriana fue la era de la clase media. La clase media incluía una gran variedad de ocupaciones e ingresos, desde industriales y banqueros hasta empleados y tenderos. La clase media incluía a aquellos que trabajaban para ganarse la vida, pero no con sus manos. Esto contrastaba con la nobleza, que se enorgullecía del hecho de que no tenían que trabajar, sino que heredaban su vida, y la clase trabajadora, compuesta por aquellos que trabajaban con sus manos.

La clase media victoriana mantenía una ideología de trabajo duro y de hombre hecho a sí mismo. Tendían a ser individualistas y moralistas, y creían que las personas deberían ayudarse a sí mismas y ganarse su posición económica en la vida. La clase media victoriana también valoraba una estricta separación de la vida pública y privada, lo que llevó a la idea de que las mujeres deberían limitarse a las tareas domésticas. Como parte del estilo de vida de la clase media también era tener sirvientes, esto significaba que el papel de las mujeres de clase media en la vida era tener hijos.

Estos valores crearon la sociedad que ahora consideramos victoriana. Así como las actitudes de la clase terrateniente se prestaron naturalmente a una agenda política conservadora (conservadora), el fuerte sentido de individualismo de la clase media condujo al surgimiento de otro poderoso movimiento político: el liberalismo. A diferencia de los tories, que querían mantener las cosas como estaban, los liberales (conocidos como "whigs") querían reformas. Como muchos de ellos eran hombres de clase media que creían firmemente en el valor de hacer las cosas, los liberales acabaron logrando muchas reformas durante la era victoriana.

Antes de profundizar en algunas de esas reformas y en cómo cambiaron la sociedad inglesa, hablemos de la clase trabajadora. Este era el segmento más grande de la población, pero como grupo, la clase trabajadora, como los hemos denominado, no tenía un sentido de conciencia de clase como la élite terrateniente y la clase media. Un aristócrata se conocía y se consideraba a sí mismo como un aristócrata. Un hombre de clase media era de clase media y estaba orgulloso de ello. Sin embargo, era más probable que un hombre de clase trabajadora se considerara un minero, un trabajador agrícola o un sirviente doméstico en lugar de un miembro de la clase trabajadora.

Debido a esta falta de conciencia de clase y al hecho de que no podían votar, la clase trabajadora no tenía la presencia política de las otras clases en esta época. Algunas ocupaciones formaron sindicatos que buscaban proteger los derechos de los trabajadores, pero estos eran técnicamente ilegales hasta 1871 y, por lo tanto, tenían poco impacto político. Fueron los tories terratenientes y los liberales de clase media los que determinaron el destino de la nación en el Parlamento.

La Ley de Reforma de 1832

Uno de los actos políticos más importantes de la era victoriana se produjo en 1832, cuando los whigs liberales estaban en el poder. Aunque los miembros del Parlamento eran técnicamente elegidos, el sistema difícilmente podría llamarse democrático. Muy pocos hombres podían votar (por no hablar de las mujeres). Los distritos parlamentarios no habían sido reelaborados en la línea de los grandes cambios de población causados por la Revolución Industrial, por lo que algunas grandes ciudades industriales no tenían representantes en el Parlamento, mientras que otras aldeas moribundas tenían dos miembros en la Cámara. Luego estaba la corrupción absoluta. Sin una votación secreta, era fácil para los propietarios dictar votos a sus inquilinos. En algunos distritos, el miembro de la Cámara era nombrado efectivamente por el propietario principal. Por lo tanto, aunque el Parlamento se llamaba a sí mismo un órgano representativo, estaba bastante claro que no reflejaba con precisión a la nación.

El Parlamento había sido así durante bastante tiempo, pero lo que cambió en la era victoriana fue la creciente conciencia política de la gente, particularmente de la clase media. La clase media quería tener voz en su gobierno, y gracias al miedo a la rebelión generado por eventos como las revoluciones estadounidense y francesa, la clase dominante cedió a sus demandas. La Gran Ley de Reforma se convirtió en ley en 1832 y representó el primer paso hacia una Cámara de los Comunes más representativa.

Según los estándares modernos de representación democrática, la Ley de Reforma de 1832 fue un pequeño paso. Amplió la franquicia (nacionalizó los requisitos de votación que anteriormente variaban de un municipio a otro), pero la votación todavía estaba restringida a hombres y propietarios con una cierta cantidad de riqueza. Todavía no había votación secreta. Sin embargo, los municipios fueron rediseñados para que las ciudades en crecimiento ahora tuvieran representación, y no hubo más nombramientos directos de miembros por parte de los propietarios. De esta manera, la Ley de Reforma de 1832 logró lo que se propuso, que era pacificar a una clase media cada vez más agitada y políticamente consciente. Se había evitado la revolución, y se había abierto la puerta a una serie de reformas continuas que eventualmente cambiarían el sistema británico sin un derramamiento de sangre extremo.

El advenimiento del darwinismo

Los cambios políticos no fueron los únicos movimientos en la Gran Bretaña victoriana. También hubo cambios en la comunidad científica que tendrían un impacto generalizado en el resto de la sociedad.

En 1831, un joven llamado Charles Darwin zarpó en el HMS *Beagle*. Su viaje de cinco años en ese barco resultaría ser uno de gran impacto científico. Fue durante este viaje que Darwin desarrolló su teoría de la evolución, publicando su famoso libro *Sobre el origen de las especies* en 1859.

La teoría de Darwin inicialmente sacudió a la intensa sociedad religiosa victoriana, y causó mucho debate. Sin embargo, curiosamente, a finales de siglo, muchas personas no veían la teoría evolutiva como una contradicción con el cristianismo. Los teólogos argumentaron que la selección natural mostraba la providencia de Dios en todas las cosas y así hizo las paces (al menos temporalmente) con la teoría científica.

Una vez que los líderes religiosos habían encontrado una manera de incorporar el darwinismo al cristianismo, muchos victorianos de clase media se apresuraron a abrazar la teoría. La idea de la selección natural y la supervivencia del más apto proporcionaban evidencia de lo que muchos de la clase media ya creían: los mejores llegarán a la cima. La desigualdad no era mala. Era simplemente el resultado de la selección natural en la sociedad humana. En las Islas Británicas, esta actitud hizo que la ayuda a los pobres, como aquella otorgada durante la hambruna irlandesa, fuera limitada. En todo el mundo, este darwinismo social proporcionó una justificación científica para el creciente imperio de Gran Bretaña.

Gran Bretaña imperial

Con el surgimiento de la clase media, el clamor por la reforma política y los descubrimientos científicos, ocurrían muchas cosas a nivel nacional en la era victoriana. Sin embargo, esta fue también la época en que Gran Bretaña gobernó un imperio global. El imperialismo se convirtió en una gran parte de la identidad británica para los victorianos.

Mientras que el imperialismo normalmente trae a la mente imágenes de ejércitos conquistadores, el poder de Gran Bretaña era en gran medida económico durante la época victoriana. Habiendo conquistado y establecido directamente muchas colonias en el siglo XVIII, Gran Bretaña en el siglo XIX estableció tal dominio económico que ya no era necesario un control estricto. En cambio, Gran Bretaña seguía una política de libre comercio, permitiendo que sus colonias comerciaran con otras naciones.

Gran Bretaña también descubrió que establecer el dominio comercial en un área no requería una adquisición formal. Era más barato abrir rutas comerciales y permitir que las áreas se volvieran económicamente dependientes de Gran Bretaña sin anexar formalmente el territorio. Debido a esto, el dominio global de Gran Bretaña se extendió mucho más allá de los límites de su imperio formal.

Sin embargo, las colonias que formaban oficialmente parte del imperio seguían siendo importantes por muchas razones más allá de la economía. Lugares como Canadá resultaron ser destinos ideales para los emigrantes británicos. Australia se convirtió en una forma conveniente de deshacerse de los convictos. Algunas colonias servían como puertos importantes para las rutas comerciales británicas, y otras actuaban como puestos militares para proteger el imperio. Gran Bretaña había llegado a confiar en sus posesiones imperiales de muchas maneras, y una colonia en particular se convirtió en el centro del éxito británico: la India.

En la época victoriana, la situación británica en la India difícilmente podría haber sido mejor. El comercio con la India era una fuente de prosperidad económica, y el ejército indio convirtió a Gran Bretaña en una potencia asiática. El ejército indio estaba formado principalmente por indios y pagado con impuestos indios, pero estaba controlado por los británicos. Por lo tanto, Gran Bretaña tenía un enorme poder a cambio de prácticamente nada. Esta extraña situación era el resultado de las acciones de la Compañía de las Indias Orientales, que gradualmente había establecido el dominio en la India durante el siglo anterior. Ese dominio absoluto pasó al gobierno inglés cuando tomó el control de la India en 1858.

Sin embargo, el gobierno estaba preocupado por algo más que ganar dinero. A la Compañía de las Indias Orientales le había importado poco cambiar la cultura o la estructura social de la India, pero con los victorianos de clase media moralmente acérrimos que ahora tenían la última palabra, pronto comenzaron los esfuerzos para civilizar a la India. Este impulso de la sociedad victoriana comenzó incluso antes de que el gobierno asumiera el control. A los misioneros cristianos se les permitió ingresar al país en 1813, y se prohibieron ciertas prácticas culturales, como el *sati*, que era la práctica de una viuda que se quemaba en la pira funeraria de su esposo.

Como era de esperar, este impulso para cambiar la cultura india no les sentó bien a los indios. Hubo un motín del ejército indio que se extendió a una rebelión más general en 1847. Hubo un gran derramamiento de sangre en ambos lados, y la relación entre Gran Bretaña y la India se deterioró permanentemente. El racismo y el elitismo del lado británico aumentaron, y la insatisfacción con el dominio británico creció del lado indio. Las cosas no se resolvieron finalmente hasta la independencia de la India en 1947.

La India británica muestra tanto el encanto del Imperio británico como sus problemas. El imperio poseía a la vez una eficacia autocomplaciente, donde más territorio traía mayor prosperidad y poder, y una tendencia autodestructiva, donde más territorio causaba mayor tensión y requería más gestión. Al final de la era victoriana, estos dos polos estaban alimentando una bola de nieve imperialista que eventualmente llevaría al nacionalismo extremo y al estallido de la Primera Guerra Mundial.

Entre 1870 y 1914, el territorio que formalmente pertenecía al Imperio británico creció rápidamente. A medida que otras naciones europeas expandieron sus posesiones coloniales, Gran Bretaña se sintió presionada a expandirse aún más para mantener el dominio global. El creciente tamaño de estos imperios solo empeoró las tensiones, ya que las potencias colonizadoras comenzaron a chocar entre sí en todo el mundo. Al mismo tiempo, este empeoramiento de las tensiones hizo que muchos sintieran que continuar expandiendo el imperio era la única forma en que Gran Bretaña podía tener seguridad. Con la rivalidad entre las potencias europeas en su punto más alto y la presencia imperial de estos países en todo el mundo, de alguna manera la llegada de una guerra global era inevitable.

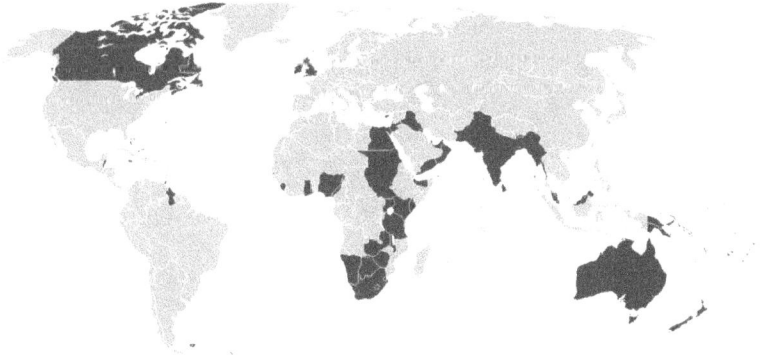

Imperio británico en su apogeo en 1921[34]

Capítulo 18: Primera y Segunda Guerra Mundial

Como se discutió en el capítulo anterior, había una creciente rivalidad en la construcción del imperio entre las potencias europeas a principios del siglo XX. En esta tensa atmósfera, se formaron muchas alianzas. Durante la primera década del siglo XX, Gran Bretaña hizo acuerdos con Francia y Rusia. Aunque los acuerdos escritos entre estos tres eran técnicamente un reconocimiento de las posesiones coloniales de las otras potencias, significaban una promesa informal de ayuda mutua, y los tres países se conocieron como la Triple Entente.

Pero ¿contra qué estaba unida la Triple Entente? La principal preocupación era Alemania. Su creciente dominio amenazó la posición de Gran Bretaña como potencia mundial. La armada alemana en rápido crecimiento añadió mucho a esta desconfianza. Gran Bretaña había sido la potencia naval dominante en el mundo desde la derrota de la Armada Española en 1588, y como nación insular, no podía dejar de ver a la flota de Alemania como una amenaza directa.

Sin embargo, Alemania no estaba sola. Alemania se había aliado con Austria-Hungría e Italia, formando la Triple Alianza. Aunque Italia finalmente no honraría esta alianza, el apoyo de Alemania a Austria-Hungría fue crucial para convertir un evento en los Balcanes en una guerra mundial.

Cuando un nacionalista serbio asesinó al archiduque austriaco Franz Ferdinand el 28 de junio de 1914, todo comenzó a desmoronarse. Un mes después, Austria declaró la guerra a Serbia, percibiendo el asesinato del archiduque como una amenaza de esa nación. Alemania respaldó a Austria en esto, pero Serbia fue respaldada por Rusia. Así, cuando Austria y Serbia fueron a la guerra, también lo hicieron Alemania y Rusia. Sin embargo, Rusia tenía una alianza con Francia. Si Alemania quería tener una oportunidad en esta guerra, necesitaba sacar a Francia de la lucha rápidamente para poder centrar toda su atención en Rusia, y la forma más rápida de conquistar Francia era pasar por Bélgica.

Fue la invasión alemana de Bélgica lo que finalmente perturbó a Gran Bretaña. Esta era una señal demasiado clara de lo que Alemania pretendía para Europa, y la opinión pública británica y el Parlamento se unieron rápidamente a favor de la guerra. Gran Bretaña declaró la guerra a Alemania el 4 de agosto de 1914. Se creía entonces que la guerra sería rápida. Nadie tenía idea de lo larga y terrible que sería esta guerra.

Gran Bretaña en la Primera Guerra Mundial

Para los británicos y muchos otros, la Primera Guerra Mundial resultó ser la más grande crueldad. Los hombres que marchaban a la guerra llenos de celo patriótico y confianza en sí mismos acabaron luchando en trincheras fangosas y muriendo de a miles. En lugar de ofensivas decisivas y combate abierto, esta guerra (especialmente en el Frente Occidental, donde Gran Bretaña estaba más involucrada) fue un estancamiento tedioso y espantoso.

La Primera Batalla del Somme se ha convertido en una representación sombría de lo terrible que fue la guerra. Para expulsar a los alemanes de Francia y así ganar la guerra, Gran Bretaña y Francia sabían que tenían que ser agresivos. En la batalla del Somme, trataron de aplicar este concepto. Después de bombardear intensamente las líneas alemanas con artillería, las tropas británicas atacaron el 1 de julio de 1916. Debían cruzar la tierra de nadie (la tierra abierta entre las trincheras) y tomar la posición alemana. Parecía bastante simple, pero la nueva tecnología militar como la ametralladora hacía que atacar una posición atrincherada fuera casi imposible. Las tropas británicas que intentaron cruzar la tierra de nadie fueron asesinadas a tiros, y 20.000 personas murieron el primer día. La ofensiva del Somme duró varios meses más, finalizando el 13 de noviembre después de 420.000 bajas británicas. No había logrado casi nada y se ha ganado una reputación duradera como el epítome de la inutilidad y la devastación de la guerra de trincheras.

En este punto, había quedado claro que la Primera Guerra Mundial no iba a ser como otras guerras. Esta era una guerra total, y se necesitarían los esfuerzos de toda la nación para que Gran Bretaña ganara algo. No solo se aprobaron leyes de reclutamiento para reforzar al ejército, sino que el gobierno también tomó el control de las industrias, la distribución de recursos y la oferta de mano de obra. Había racionamiento e incluso restricción de las vacaciones. Todos sufrieron esta guerra, especialmente cuando las horrendas tasas de víctimas comenzaron a afectar a casi todas las familias de Inglaterra.

Si las cosas eran tan sombrías, ¿cómo ganaron la guerra Gran Bretaña y sus aliados? El cambio comenzó en 1916 después de dos años de estancamiento. El gobierno británico cambió de poder de H. H. Asquith a David Lloyd George. Este cambio en el liderazgo mostró cuán insatisfecho estaba el país con el progreso de la guerra. El gobierno de Lloyd George resultaría algo más efectivo que el de Asquith. Lloyd George inmediatamente redujo drásticamente el tamaño del gabinete de guerra, lo que permitió tomar decisiones de manera más rápida y efectiva. También logró resolver la crisis alimentaria causada por los submarinos alemanes a través de un sistema de convoyes y racionamiento de alimentos.

El éxito de Lloyd George en estas áreas era el resultado de rasgos que también resultaron perjudiciales en otras áreas. Lloyd George tenía una personalidad fuerte y estaba decidido a poner fin al estancamiento y la guerra. Esta actitud orientada a la acción le permitió tomar decisiones de manera decisiva y seguir un curso sin atascarse en la burocracia administrativa del gobierno. Sin embargo, su fuerte personalidad no era apreciada por el mando militar británico. Había mucha desconfianza entre Lloyd George y sus generales, y su incapacidad para trabajar juntos obstaculizó el progreso de la guerra en el frente activo.

En última instancia, se necesitaría algo fuera de Gran Bretaña para romper el largo y tedioso estancamiento. En abril de 1917, los Estados Unidos de América declararon la guerra a Alemania. La entrada de los Estados Unidos en la guerra era lo que necesitaban los Aliados, aportaba nuevos recursos y hombres para llevar a la lucha. El 11 de noviembre de 1918, la guerra finalmente había terminado. Pero ¿cómo se llegaría exactamente a la paz?

Conferencia de paz de París

El acuerdo de paz creado después de la Primera Guerra Mundial se ha vuelto infame. Muchos argumentarían que los fracasos de la paz creada después de la Primera Guerra Mundial condujeron directamente al estallido de otra guerra mundial menos de tres décadas después. ¿Qué fue exactamente lo que salió mal en las negociaciones de paz y cuál fue el papel de Gran Bretaña?

La lucha de la Primera Guerra Mundial terminó con el armisticio en 1918, pero tomaría un año negociar el tratado de paz oficial, y "negociar" es un término generoso para lo que sucedió. La Conferencia de paz de París involucró negociaciones y acuerdos realizados entre muchos países, pero solo cuatro países tuvieron voz: Gran Bretaña, Estados Unidos, Francia e Italia (aunque los primeros tres terminaron tomando la mayor parte de las decisiones). El representante de Gran Bretaña era Lloyd George, quien se vio atrapado entre el deseo de venganza del primer ministro francés Clemenceau contra Alemania y las esperanzas del presidente estadounidense Woodrow Wilson de un mundo más unido y estable. A los otros Aliados se les prestó poca atención y a las naciones derrotadas se las ignoró por completo. Por lo tanto, los tratados resultantes estaban destinados a hacer poco para lograr una buena voluntad duradera entre los países.

El ejemplo más infame de esto es el Tratado de Versalles, que puso fin oficialmente a las hostilidades entre los aliados y Alemania. El tratado no solo obligaba a Alemania a ceder territorio (una consecuencia normal de perder una guerra), sino que Alemania también tuvo que admitir la culpa de la guerra y acordó pagar reparaciones a los países aliados. Para los alemanes, esto era un grave insulto. No era la base para una paz duradera.

El apaciguamiento y el comienzo de la Segunda Guerra Mundial

En retrospectiva, es fácil ver ahora que el Tratado de Versalles nunca iba a alcanzar la paz con Alemania. Es crucial recordar que las personas que vivían en esta época entre las dos guerras mundiales no tenían este beneficio. Nadie sabía con certeza que se avecinaba otra guerra mundial, y muchas personas estaban dispuestas a hacer de todo para evitarla.

El trauma de la Primera Guerra Mundial dejó a muchas naciones luchando por emerger con más fuerza, y una recesión económica mundial en la década de 1930 empeoró aún más las cosas. Alemania, que sufría bajo el peso de fuertes reparaciones, sentía estas dificultades con mayor intensidad y quedaron expuestos a la vulnerabilidad e influencia de alguien como Adolf Hitler. Hitler prometió a los alemanes la restauración de su antigua grandeza, y con su carismática capacidad de hablar, Hitler pronto tuvo el control de Alemania.

A lo largo de la década de 1930, quedó claro que Hitler no tenía la intención de cumplir con el Tratado de Versalles. Alemania comenzó la construcción de una fuerza aérea en 1935 y remilitarizó Renania en 1936. Estos eran pasos que solo podían considerarse hostiles, pero el resto de Europa y Gran Bretaña estaban cansados de la guerra e inseguros de cómo responder a las acciones de Hitler.

En la década de 1930, Gran Bretaña finalmente decidió ir con una estrategia de apaciguamiento, dejando que Hitler se saliera con la suya con la esperanza de que esto evitara la guerra. El defensor más famoso del apaciguamiento fue Neville Chamberlain, primer ministro británico de 1937 a 1940. Durante gran parte de la década de 1930, el apaciguamiento tomó la forma de simplemente ignorar las acciones de Hitler, incluso cuando llegó a anexionarse Austria en 1938. Sin embargo, el apaciguamiento alcanzó un nuevo nivel (o más bien bajo) cuando Chamberlain, junto con representantes de Francia e Italia, negoció el Acuerdo de Munich con Hitler en 1939, entregando parte de Checoslovaquia a los alemanes. El gobierno checoslovaco no formó parte de las negociaciones en absoluto. El apaciguamiento se había convertido en algo más que una cuestión de ignorar las violaciones del tratado por parte de Alemania y ahora era una política de incluso ayudar a Hitler a evitar la guerra.

Se había evitado la guerra, pero Chamberlain y sus políticas de apaciguamiento tenían oponentes. Uno de los más expresivos fue Winston Churchill, quien llamó al Acuerdo de Munich "una derrota total y absoluta". Churchill probó estar en lo cierto en poco tiempo. Hitler pronto invadió otras partes de Checoslovaquia, ignorando descaradamente el Acuerdo de Munich. Cuando los alemanes invadieron Polonia el 1 de septiembre de 1939, Gran Bretaña ya no podía ignorar las intenciones obvias de Alemania. Gran Bretaña declaró la guerra a Alemania dos días después. Francia hizo lo mismo, y la Segunda Guerra Mundial había comenzado oficialmente.

Winston Churchill

Aunque ahora pueda parecer extraño, al comienzo de la Segunda Guerra Mundial no era obvio que Winston Churchill fuera el hombre que guiara a Gran Bretaña a través de esta crisis. Churchill comenzó su carrera como soldado y reportero, ganándose la vida con sus escritos. Entró en la arena política en 1900 como miembro conservador del Parlamento.

Winston Churchill[85]

Sin embargo, Churchill no se quedó mucho tiempo con los conservadores. En 1904, se separó de su partido por un desacuerdo sobre el libre comercio y se unió a los liberales. A partir de ahí, el ascenso de Churchill en la política fue constante. Era un aliado cercano y colega de David Lloyd George, y para la Primera Guerra Mundial se había ganado un puesto como Primer Lord del Almirantazgo (el ministro del gobierno a cargo de la marina británica). Sin embargo, ese era un lugar incómodo. Cuando la Campaña de Gallipoli de la Primera Guerra Mundial fracasó por completo, Churchill asumió la culpa. Quedó fuera del gobierno de coalición encabezado por Lloyd George y, en 1915, abandonó la política para volver a ser soldado.

Pero Churchill no pudo mantenerse alejado por mucho tiempo. Volvió a los asuntos gubernamentales en 1917, y desde entonces hasta 1939, su carrera política fue una de altibajos con poco progreso general. Era una voz constante, pero a menudo ignorada hasta que dirigió su atención a Alemania. Las constantes advertencias de Churchill sobre Hitler y la agresión alemana solo se hicieron más precisas a lo largo de la década de 1930. Cuando estalló la guerra, Churchill parecía una de las únicas figuras del gobierno que había visto las cosas con claridad. Neville Chamberlain lo nombró para su antiguo cargo como Primer Lord del Almirantazgo.

En 1940, la guerra estaba cambiando a favor de Alemania, y Chamberlain, reconociendo sus fracasos, renunció a su puesto de primer ministro. Se formó un gobierno de coalición con miembros de todos los partidos, y nada menos que Winston Churchill estaba a la cabeza. A pesar de sus fracasos en el pasado, Churchill parecía ser el hombre con la energía y el impulso necesarios para dirigir una guerra, y nadie dudaba de su compromiso inquebrantable por derrotar a Alemania. El liderazgo de Churchill en Gran Bretaña durante la guerra lo convertiría en una figura histórica famosa no solo en Gran Bretaña, sino en todo el mundo.

Gran Bretaña y la Segunda Guerra Mundial

El compromiso de Churchill de resistir a Alemania pronto se mostró muy necesario, ya que la guerra inicialmente no fue bien para Gran Bretaña y sus aliados. La estrategia de guerra relámpago de los alemanes, que se centró en ofensivas rápidas para abrumar y someter rápidamente a sus enemigos, fue extremadamente efectiva. A fines de junio de 1940, Alemania había conquistado los Países Bajos, Bélgica e incluso Francia. Solo Gran Bretaña se mantuvo para desafiar la conquista alemana.

La lucha por Gran Bretaña se libró en gran parte en el aire durante dos meses (agosto y septiembre) en 1940, conocida como la batalla de Gran Bretaña. Alemania sabía que Gran Bretaña necesitaba ser sometida, pero una fuerza invasora nunca tendría éxito hasta que Alemania controlara los cielos. La Luftwaffe alemana se dispuso a ganar la supremacía aérea sobre la Real Fuerza Aérea británica (RAF, por sus siglas en inglés). Las fuerzas aéreas estaban bastante igualadas; sin embargo, la RAF logró derrotar los asaltos alemanes y los alemanes abandonaron el plan de invadir Gran Bretaña.

Esto no significaba que Alemania hubiera renunciado a obligar a Gran Bretaña a rendirse. La Luftwaffe centró su atención en bombardear ciudades británicas, particularmente Londres, con la esperanza de destruir la moral de Gran Bretaña y forzar una rendición. Este período de bombardeos intensos se denominó Blitz. A pesar de los golpes, Gran Bretaña se mantuvo firme durante todo un año contra Alemania. Luego, a finales de junio de 1941, las fuerzas de Hitler invadieron la Unión Soviética, dando a Gran Bretaña un nuevo aliado. Más tarde ese año, cuando Japón bombardeó Pearl Harbor, Estados Unidos también entró en la guerra. Gran Bretaña ahora tenía dos aliados poderosos y, con ellos, una verdadera esperanza de victoria.

De hecho, la victoria llegó, aunque se necesitarían cuatro largos años de lucha para llegar allí. A lo largo de la guerra, Churchill se reunió con el presidente estadounidense Franklin Roosevelt y el líder soviético Joseph Stalin para discutir las operaciones de guerra y, al final de la guerra, la situación de posguerra. Aunque Gran Bretaña continuó desempeñando un papel importante durante toda la guerra en la derrota de Alemania, para consternación de Churchill, su posición y la de Gran Bretaña disminuyeron cada vez más frente a las dos potencias más grandes. Las guerras mundiales habían anulado tanto el orden mundial anterior que Gran Bretaña, por primera vez en varios siglos, se encontró alejada del nivel superior entre las potencias mundiales. Estados Unidos y la Unión Soviética eran las dos superpotencias mundiales.

Por lo tanto, si bien la Segunda Guerra Mundial fue en muchos sentidos un triunfo para Gran Bretaña, también significó el final de la supremacía mundial británica. La guerra total había devastado económicamente a Gran Bretaña. Después de la guerra, Gran Bretaña ya no tenía los recursos o el interés para mantener su imperio y perdió el resto de sus posesiones coloniales. India obtuvo la independencia solo dos años después de que terminara la Segunda Guerra Mundial, y otras colonias siguieron hasta que Hong Kong fue devuelto a la soberanía china en 1997.

Churchill también fue sorprendentemente derrocado como primer ministro después de la guerra. A pesar de su triunfo en tiempos de guerra y su victoria personal en las elecciones, el partido de Churchill perdió su mayoría ante el Partido Laborista inmediatamente después de la guerra. El declive del imperio y el éxito del Partido Laborista mostraron cómo la era de las guerras mundiales había cambiado la actitud de Gran Bretaña. En el mundo de la posguerra, Gran Bretaña era un país centrado más internamente en cuestiones como la reforma social y la recuperación económica. La Gran Bretaña imperial se había ido, y de sus cenizas surgiría el Reino Unido moderno.

Conclusión

Si bien se podría decir mucho de la historia inglesa después de la Segunda Guerra Mundial, terminaremos nuestro recorrido por aquí. Desde una colección de reinos anglosajones rivales que ocupaban solo una parte de la Isla Británica hasta el imperio más grande de la historia y el Reino Unido. La historia de Inglaterra es la de un lento y gran ascenso y un rápido e inevitable declive.

En sus inicios, Inglaterra era una tierra inestable. Constantemente invadido por forasteros, ningún sentido centralizado de nación o gobierno podría desarrollarse. No fue hasta que los anglosajones se unieron contra los vikingos que surgió una nación que podría llamarse Inglaterra. Sin embargo, ese no fue el final de las invasiones extranjeras. La conquista normanda de 1066 fue la última vez que Inglaterra sería invadida y conquistada con éxito. A partir de ese momento, Inglaterra fue libre de desarrollarse como su propia nación sin ser afectada por poderes externos. Pero durante muchos siglos, los conflictos internos impidieron la estabilidad duradera. La Anarquía, las guerras de las Dos Rosas, la guerra civil y la Revolución Gloriosa ponen de relieve la dificultad de lograr un sentido de unidad nacional.

Sin embargo, finalmente, Inglaterra había resuelto gran parte de sus conflictos internos y comenzó a dirigir su atención cada vez más hacia el exterior en la era de la exploración y la colonización. Gracias a su supremacía naval y a la riqueza generada por la Revolución Industrial, Inglaterra superó a sus rivales en el juego imperial hasta ganar un imperio y un dominio mundial indiscutible.

Sin embargo, tal imperio nunca podría durar. Cuanto más territorio ganaba Inglaterra, más recursos necesitaba para mantenerlo, y cuanto más grande era el imperio, más propenso era a los conflictos internos. Debilitada por guerras mundiales consecutivas, la economía de Inglaterra ya no dominaba el plano mundial, y su imperio pronto se disolvió. Sin embargo, en comparación con los de otros imperios, la caída de Inglaterra fue relativamente leve. Si bien su territorio se ha reducido drásticamente, Inglaterra mantiene su posición como una nación estable e influyente. La existencia del Reino Unido hoy dice mucho sobre la capacidad de Inglaterra para perseverar a través de los muchos cambios que ha visto en su historia.

E incluso si Inglaterra ya no domina el mundo como lo hizo una vez, su influencia sigue siendo sentida por personas de todo el mundo de muchas maneras. El inglés es el idioma más hablado en el mundo. Los juicios por jurado, que se originaron en Inglaterra, se extendieron durante el período de la colonización y continúan de alguna forma en muchos países. Y, aunque Inglaterra difícilmente puede atribuirse la invención de la democracia, la Carta Magna y la Revolución estadounidense son eventos profundamente arraigados en el desarrollo de los gobiernos democráticos.

El impacto de Inglaterra también ha tenido muchas consecuencias menos favorables. El imperialismo británico y la interferencia en otras regiones del mundo crearon tensiones que aún se pueden sentir hasta el día de hoy. La colonización puede haber creado una gran riqueza para Gran Bretaña, pero fue a costa de los colonizados y ha dejado un legado de prejuicios y explotación en todo el mundo. El gran conflicto con Irlanda descrito en el Capítulo 16 es solo una historia de muchas que muestran la relación extremadamente tensa y complicada que las antiguas partes del Imperio británico tienen con Inglaterra.

Ya sea para bien o para mal, lo único que no se puede negar es que Inglaterra ha tenido un impacto en el mundo. La historia de esta pequeña nación tiene lecciones de relevancia para todos.

Vea más libros escritos por Enthralling History

Bibliografía

Adams, S. "Battle of Edington". Encyclopedia Britannica, 29 de abril de 2023. https://www.britannica.com/topic/Battle-of-Edington.

"An Introduction to Prehistoric England". English Heritage. Consultado el 24 de junio de 2022. https://www.english-heritage.org.uk/learn/story-of-england/prehistory/.

Badian, E. "Narcissus". Encyclopaedia Britannica, 1 de enero de 2022. https://www.britannica.com/biography/Narcissus-Roman-official.

Blake, R. Norman William y Blake, Barón. "David Lloyd George". Encyclopedia Britannica, 29 de agosto de 2023. https://www.britannica.com/biography/David-Lloyd-George.

Brain, Jessica. "Rey Eadwig". Historic UK, 27 de agosto de 2022. https://www.historic-uk.com/HistoryUK/HistoryofEngland/King-Eadwig/.

Brain, Jessica. "The History of the Coronation". Historic UK, 3 de mayo de 2023. https://www.historic-uk.com/HistoryUK/HistoryofBritain/History-Of-The-Coronation/.

Breeze, D. J. "Hadrian's Wall". Encyclopaedia Britannica, 1 de septiembre de 2021. https://www.britannica.com/topic/Hadrians-Wall.

Britannica, T. Editors of Encyclopaedia. "Boudicca". Encyclopedia Britannica, 10 de diciembre de 2020. https://www.britannica.com/biography/Boudicca.

Britannica, T. Editors of Encyclopaedia. "Carnatic Wars". Encyclopedia Britannica, 12 de junio de 2023. https://www.britannica.com/event/Carnatic-Wars.

Britannica, T. Editors of Encyclopaedia. "Celt". Encyclopedia Britannica, 25 de abril de 2022. https://www.britannica.com/topic/Celt-people.

Britannica, T. Editors of Encyclopaedia. 'Declaration of Breda". Encyclopedia Britannica, 24 de junio de 2019. https://www.britannica.com/topic/Declaration-of-Breda.

Britannica, T. Editors of Encyclopaedia. "Decline of the British Empire". Encyclopaedia Britannica, 12 de octubre de 2020. https://www.britannica.com/summary/Decline-of-the-British-Empire.

Britannica, T. Editors of Encyclopaedia. "East India Company". Encyclopedia Britannica, 13 de agosto de 2023. https://www.britannica.com/money/topic/East-India-Company.

Britannica, T. Editors of Encyclopaedia. "Edmund I". Encyclopaedia Britannica, 22 de mayo de 2023.https://www.britannica.com/biography/Edmund-I.

Britannica, T. Editors of Encyclopaedia. "First Battle of the Somme". Encyclopaedia Britannica, 9 de octubre de 2023. https://www.britannica.com/event/First-Battle-of-the-Somme.

Britannica, T. Editors of Encyclopaedia. "Industrial Revolution". Encyclopedia Britannica, 17 de agosto de 2023. https://www.britannica.com/money/topic/Industrial-Revolution.

Britannica, T. Editors of Encyclopaedia. "Irish Rebellion". Encyclopedia Britannica, 16 de mayo. 2023, https://www.britannica.com/event/Irish-Rebellion-Irish-history-1798. Consultado el 18 de septiembre de 2023.

Britannica, T. Editors of Encyclopaedia. "Orange Order". Encyclopaedia Britannica, 28 de julio de 2023, https://www.britannica.com/topic/Orange-Order. Consultado el 18 de septiembre de 2023.

Britannica, T. Editors of Encyclopaedia. "Pytheas". Encyclopedia Britannica, 16 de diciembre de 2009. https://www.britannica.com/biography/Pytheas.

Britannica, T. Editors of Encyclopaedia. "Roman Britain". Encyclopedia Britannica, 19 de febrero de 2022. https://www.britannica.com/place/Roman-Britain.

Britannica, T. Editors of Encyclopaedia. "Seven Years' War". Encyclopedia Britannica, 18 de agosto de 2023. https://www.britannica.com/event/Seven-Years-War.

Britannica, T. Editors of Encyclopaedia. "Tratado de Aix-la-Chapelle". Encyclopaedia Britannica, 11 de octubre de 2022. https://www.britannica.com/event/Treaty-of-Aix-la-Chapelle.

Britannica, T. Editors of Encyclopaedia. "Treaty of Versailles". Encyclopaedia Britannica, 5 de septiembre de 2023. https://www.britannica.com/event/Treaty-of-Versailles-1919.

Britannica, T. Editors of Encyclopaedia. "War of Jenkins' Ear". Encyclopedia Britannica, 1 de agosto de 2014. https://www.britannica.com/event/War-of-Jenkins-Ear.

"Bog Body: British Museum". The British Museum. Consultado el 24 de junio de 2022. https://www.britishmuseum.org/collection/object/H_1984-1002-2.

Bucholz, Robert, y Newton Key. Early Modern England 1485-1714: A Narrative History. 2ª ed. Chichester, West Sussex: Wiley-Blackwell, 2009.

Butser Ancient Farm. Consultado el 24 de junio de 2022. https://www.butserancientfarm.co.uk/.

Cartwright, Mark. "Ancient Celtic Torcs". World History Encyclopedia. https://www.worldhistory.org#organization, June 22, 2022. https://www.worldhistory.org/article/1687/ancient-celtic-torcs/.

Cartwright, Mark. "Ancient Celts". World History Encyclopedia. https://www.worldhistory.org#organization, 1 de abril de 2021. https://www.worldhistory.org/celt/.

"Celt (n.)". Etymology. Consultado el 24 de junio de 2022. https://www.etymonline.com/word/celt.

Farley, Julia. "Who Were the Celts?". Blog del Museo Británico - Explore historias del Museo, 22 de febrero de 2022. https://blog.britishmuseum.org/who-were-the-celts/.

Harrison, Julian. "Who Were the Anglo-Saxons?". British Library

Heyck, Thomas William y Meredith Veldman. The Peoples of the British Isles: A New History: From 1688 to the Present. 4ta ed. New York: Oxford University Press, 2016.

Hingley, Richard. "Julius Caesar in Britain". World History Encyclopedia. https://www.worldhistory.org#organization, July 11, 2022. https://www.worldhistory.org/article/1926/julius-caesar-in-britain/.

Holt, J. "John". Encyclopaedia Britannica, 29 de marzo de 2023. https://www.britannica.com/biography/John-king-of-England.

Johnson, Ben. "Prehistoric Britain". Historic UK. Consultado el 24 de junio de 2022. https://www.historic-uk.com/HistoryUK/HistoryofEngland/Prehistoric-Britain/.

Johnson, Ben. "Roman England, the Roman in Britain 43 - 410 AD". Historic UK. Consultado el 15 de julio de 2022. https://www.historic-uk.com/HistoryUK/HistoryofEngland/The-Romans-in-England/.

Jones, Dan. "The Wars of the Roses". New York: Penguin, 2014.

"Julius Caesar Invades Britain - 55BCE and 54BCE". mytimemachine.co.uk, 5 de mayo de 2016. http://www.mytimemachine.co.uk/?p=5.

"Julius Caesar on Britain - 55BCE and 54BCE". mytimemachine.co.uk, 5 de mayo de 2016. http://www.mytimemachine.co.uk/?p=7.

"Julius Caesar Invades Britain - 55BCE and 54BCE". mytimemachine.co.uk, 5 de mayo de 2016. http://www.mytimemachine.co.uk/?p=5.

Knowles, M. David. "Henry II". Encyclopedia Britannica, 2 de julio de 2023. https://www.britannica.com/biography/Henry-II-king-of-England.

Law, C. M. "The Growth of Urban Population in England and Wales, 1801-1911". Transactions of the Institute of British Geographers, no. 41 (1967): 125-43. https://doi.org/10.2307/621331.

Meigs, Samantha A. y Stanford E. Lehmberg. The Peoples of the British Isles: A New History: From Prehistoric Times to 1688. 4ta ed. New York: Oxford University Press, 2016.

Morrill, J. S. y Myers, Alexander Reginald. "Henry VII". Encyclopedia Britannica, 2 de julio de 2023. https://www.britannica.com/biography/Henry-II-king-of-England.

Myers, A. Reginald. "Edward IV". Encyclopedia Britannica, 24 de abril de 2023. https://www.britannica.com/biography/Edward-IV-king-of-England.

Nicholas, H. G. "Winston Churchill". Encyclopaedia Britannica, 21 de octubre de 2023. https://www.britannica.com/biography/Winston-Churchill.

Pearson, M. Parker. "Stonehenge". Encyclopaedia Britannica, 2 de marzo de 2021. https://www.britannica.com/topic/Stonehenge.

Ross, C. "Henry V". Encyclopedia Britannica, 8 de noviembre de 2022. https://www.britannica.com/biography/Henry-V-king-of-England.

Small, Andrew. "Why Is Britain Called Britain?". These Islands, 23 de diciembre de 2017. https://www.these-islands.co.uk/publications/i281/why_is_britain_called_britain.aspx.

Steinbach, S. "Victorian era". Encyclopaedia Britannica, 3 de octubre de 2023. https://www.britannica.com/event/Victorian-era.

"The Celtic Tribes". The Celtic Tribes - history of Celtic people. Consultado el 29 de junio de 2022. https://www.englishmonarchs.co.uk/celts_6.html.

"The Celts of England". Celtic Life International - Celebrating the Celtic Life for over 30 years. Consultado el 24 de junio de 2022. https://celticlifeintl.com/the-celts-of-england/.

"The Roman Occupation of Britain". The Roman occupation of Britain. Consultado el 15 de julio de 2022. https://sites.psu.edu/romanoccupationofbritain/roman-conquest-of-britain-ad-43/.

"Visit Resource - Prehistoric Britain". British Museum. Consultado el 24 de junio de 2022. https://www.britishmuseum.org/sites/default/files/2019-09/visit-resource_prehistoric-britain-KS2.pdf.

Wallace, W. M. "American Revolution". Encyclopedia Britannica, 27 de agosto de 2023. https://www.britannica.com/event/American-Revolution.

Watson, J. Steven. "George III". Encyclopedia Britannica, 3 de julio de 2023. https://www.britannica.com/biography/George-III.

Whitelock, D. "Alfred". Encyclopaedia Britannica, 16 de mayo de 2023. https://www.britannica.com/biography/Alfred-king-of-Wessex.

United States Holocaust Memorial Museum. "The British Policy of Appeasement towards Hitler and Nazi Germany". Holocaust Encyclopedia. https://encyclopedia.ushmm.org/content/en/article/introduction-to-the-holocaust.

"Viking Place Names". JORVIK Viking Centre, 13 de marzo de 2023. https://www.jorvikvikingcentre.co.uk/the-vikings/viking-place-names/.

Fuentes de imágenes

[1] *Tristan J. Wilson, CC0, a través de Wikimedia Commons:*
https://commons.wikimedia.org/wiki/File:TJDW_Stonehenge_20111107.tif

[2] *Ulysses1975, CC BY-SA 3.0<* https://creativecommons.org/licenses/by-sa/3.0 *>, a través de Wikimedia Commons:* https://commons.wikimedia.org/wiki/File:Map_-_Peoples_of_Britain_and_Ireland_100BCE.JPG

[3] https://commons.wikimedia.org/wiki/File:IronAgeTorcBritishMuseum.JPG

[4] https://commons.wikimedia.org/wiki/File:Hadrian%27s_Wall_west_of_Housesteads_4.jpg

[5] https://commons.wikimedia.org/wiki/File:Hoxne_Hoard_coins_5.JPG

[6] https://commons.wikimedia.org/wiki/File:Roman_Britain_410_provinces.jpg

[7] https://commons.wikimedia.org/wiki/File:Sutton.hoo.helmet.jpg

[8] https://commons.wikimedia.org/wiki/File:Wiglaf_locations_incl._Offa%27s_Dyke.gif

[9] https://commons.wikimedia.org/wiki/File:Britain_886.jpg

[10] https://commons.wikimedia.org/wiki/File:Alfred_the_Great_in_the_Brief_Abridgement_of_the_Chronicles_of_England.jpg

[11] https://commons.wikimedia.org/wiki/File:King_Edgar_from_All_Souls_College_Chapel.png

[12] https://commons.wikimedia.org/wiki/File:Bayeux_Tapestry_scene57_Harold_death.jpg

[13] *Mapa en blanco de Europe.svg: maixtrabajo derivado: Alphathon, CC BY-SA 4.0<* https://creativecommons.org/licenses/by-sa/4.0 *>, a través de Wikimedia Commons:* https://commons.wikimedia.org/wiki/File:Angevin_Empire_1190.svg

[14] https://commons.wikimedia.org/wiki/File:Murder_of_Thomas_Becket.jpg

[15] https://commons.wikimedia.org/wiki/File:Richard_coeur_de_lion.jpg

[16] *Firkin, CC0, a través de Wikimedia Commons:* https://commons.wikimedia.org/wiki/File:King_Edward_I.png

[17] https://commons.wikimedia.org/wiki/File:King_Henry_V_of_England_at_the_Battle_of_Agincourt,_1415.jpg

[18] https://commons.wikimedia.org/wiki/File:Assassinat_de_Wat_Tyler_par_Walworth_sous_l%27%C5%93il_de_Richard_II.png

[19] https://commons.wikimedia.org/wiki/File:Henry_VI_of_England,_Shrewsbury_book.jpg

[20] https://commons.wikimedia.org/wiki/File:Richard_III_earliest_surviving_portrait.jpg

[21] https://commons.wikimedia.org/wiki/File:After_Hans_Holbein_the_Younger_-_Portrait_of_Henry_VIII_-_Google_Art_Project.jpg

[22] https://commons.wikimedia.org/wiki/File:Maria_Tudor1.jpg

[23] https://commons.wikimedia.org/wiki/File:Nicholas_Hilliard_Elizabeth_I_The_Pelican_Portrait.jpg

[24] https://commons.wikimedia.org/wiki/File:Defeat_of_the_Spanish_Armada,_8_August_1588_RMG_BHC0264.tiff

[25] https://commons.wikimedia.org/wiki/File:Van_Dyck,_Sir_Anthony_-_Charles_I_-_Google_Art_Project.jpg

[26] https://commons.wikimedia.org/wiki/File:Charles_Landseer_Cromwell_Battle_of_Naseby.JPG

[27] https://commons.wikimedia.org/wiki/File:King_James_II.jpg

[28] https://commons.wikimedia.org/wiki/File:William_of_Orange_III_and_his_Dutch_army_land_in_Brixham,_1688.jpg

[29] https://commons.wikimedia.org/wiki/File:Flag_of_the_United_Kingdom_(3-5).svg

[30] https://commons.wikimedia.org/wiki/File:Mule_Jenny_Industriemuseum_Gent.jpg

[31] https://commons.wikimedia.org/wiki/File:King_William_III_at_the_battle_of_the_Boyne,_1690.jpg

[32] https://commons.wikimedia.org/wiki/File:Flag_of_Ireland.svg

[33] https://commons.wikimedia.org/wiki/File:Queen_Victoria_-Golden_Jubilee_-3a_cropped.JPG

[34] https://commons.wikimedia.org/wiki/File:British_Empire_1921.png

[35] https://commons.wikimedia.org/wiki/File:Sir_Winston_Churchill_-_19086236948.jpg